いつも余裕で
結果を出す人の

複線思考術

fukusen-shiko

齋藤 孝
Takashi Saito

講談社

はじめに　いつも余裕で結果を出す人はどこが違うのか？

本当にすごい役者は、舞台上で演じながら、同時にその姿を観客席から見ることもできる。

能を大成した世阿弥が本にそう書いています。そんなふうに、もう一人の自分から自分を見るという能力は、舞台の上の役者だけでなく、私たちの日常でも大いに役立ちます。この能力があれば、自分の立場や言動、発想、そして感情さえも客観的に把握することができ、それらをうまくコントロールできるに違いないからです。

いま、多くの人が忙しさに振り回されて、コントロールがきかず、自分のコンディションを乱しているのではないでしょうか。

あなたも一日に何度も「ああ、忙しい！」と口にしていませんか？

忙しい状況が続くほど、気は焦り、ストレスを発散しようにもその時間も取れません。職場やプライベートでのコミュニケーションも希薄になって、さらに追いつめられていきます。気持ちは行き詰まるばかりです。そんなコンディションでは普段はできる仕事すらできなくなり、スピードが落ちてさらに忙しい状況に陥ってしまう。こうした「忙しさによる負のスパイラル」を誰でも一度は経験したことがあるのではないでしょうか。

一方、世の中には不思議な現象があるもので、ものすごい仕事量をこなして実績をあげているのに、話してみると「いや、そうでもないよ」と涼しい顔をしている人がいます。このような余裕で結果を出す人が、あなたの職場にもきっといるでしょう。

私が東大法学部に通っていたときも、周囲の人にはなぜか余裕のある人が多く、勉強に追い込まれている感じがまったくしませんでした。そして就職したあとも、飲み会の連絡をすれば、忙しいはずなのに、ものすごくレスポンスが速い。大企業の取締役や社長として分刻みのスケジュールで過ごすような多忙な人ほど、そうなのです。

忙しいのに結果が出ない人と、いつも余裕で結果を出す人。その違いはどこにあるのでしょうか。本書はこの疑問に「複線思考」というキーワードで答えるものです。

そこには、**ちょっとした頭の使い方の違い**があるのです。

余裕で結果を出す人の特徴といえるのが、何かことを処するときには、全体状況を見て本質を見極めて、最善の「やり方」を選んでいることです。このやり方がダメなら今度はこのやり方、というふうにいくつもの選択肢を頭のなかに思い浮かべているのです。そうすると最も効率のいい方法で、スピーディに仕事をこなせます。

さらに、「これしかない」と思い込んで追いつめられた気持ちで仕事をするのではなく、「どれにしようかな」と選ぶことが忙しい現実に向き合う際の緩衝材となり、パニックにならず心に余裕が生まれるのです。

つねに代替案を持って提案する、この方法ではダメだとわかったらすぐに違う方法を考える、全体の進行を見て自分の時間を配分する、先回りしてコメントを考えながら人の話を聞くなどをすれば、余裕ができます。

実は人は、一つの視点からだけでは効率のいい考え方をすることはできません。**自己と他者、主観と客観、部分と全体、直感と論理、現実と問い**といった、二つの路線（つまり複線）を交互に行き来しながら、効率的にものを考えてきました。

古今東西の達人たちの多くの事例とちょっとしたレッスンをご紹介しますので、本書でこれから披露する複線思考術を身につけていただき、いいことずくめの人生を手に入れてください！

もくじ

2

複線思考術1 「自己視点」と「他者視点」を両立させる複線思考

3 複線思考術2 「主観」と「客観」を切り替える複線思考

4

複線思考術3

「部分」と「全体」で把握する複線思考

5 複線思考術4 「直感」と「論理」を合わせる複線思考

6
複線思考術5 「現実」に「問い」をぶつける複線思考

協力　梅田　梓
装幀　石間　淳
本文図版　ワークプレス

イントロ

複線思考の五つの力

「齋藤さんは、人の話を聞きながらよくメモをとっていますよね。いったい何を書いているのですか？」

私が複線思考について考えるようになったのは、知人からこう言われたことがきっかけでした。私はよく人と対談をしたり取材を受けたりするときにメモをとりながら聞いています。普通はそこに、相手の話に出てきた印象的な言葉やポイントを書き取るのかもしれません。しかし、私のメモは違います。相手の話を受けて思い出した自分のエピソードや、浮かんできたキーワードや疑問を書いているのです。

考えてみれば、これは人の話を聞いているときだけではありませんでした。自分が相手の質問に答えているときにも、次に話すべきことをメモしながら話していたのです。

知人にそう答えると「どうして同時にそんなことができるのですか？」と、たいそう驚かれました。

そのときに、私ははじめてほかの人はこのようなメモのとり方はあまりしていないのだと気がつきました。自分にとっては長年の習慣だったので特別なことだとは思わなかったのです。

これだけ！整理ノート①　単線思考と複線思考

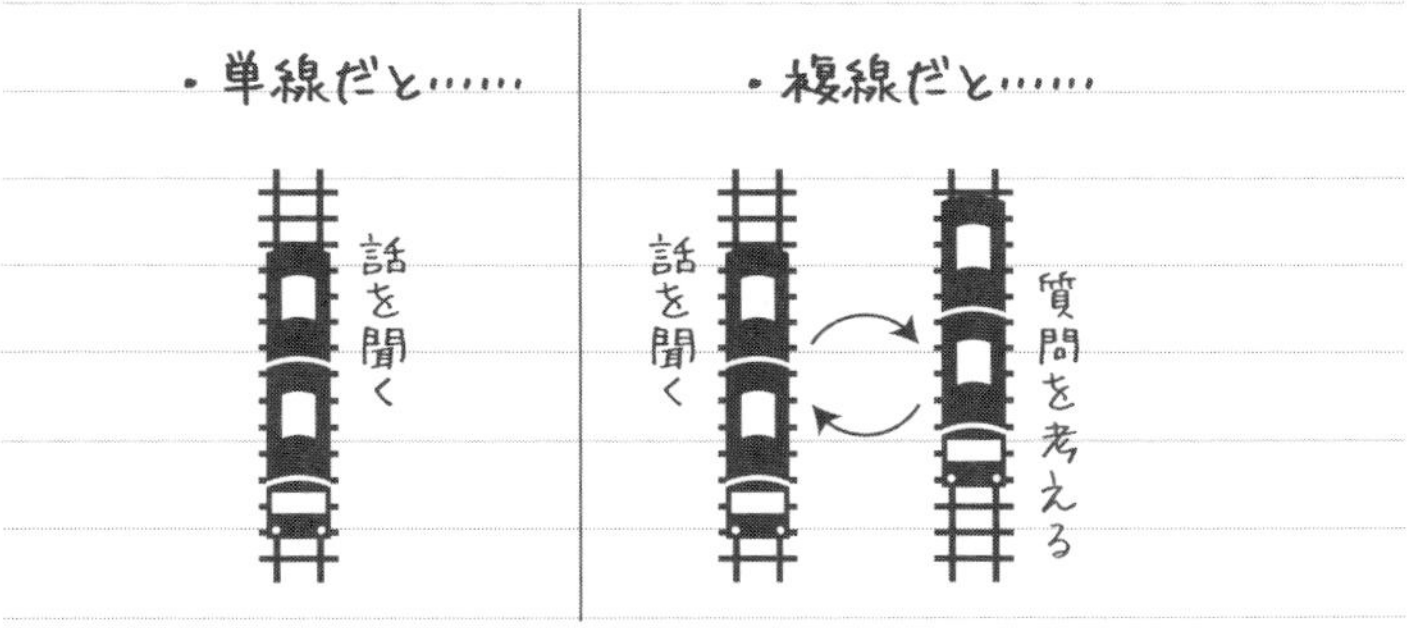

相手が話していることを聞いたり、自分の考えを話したりするのと同時に、次に展開させるべき項目を紙に書き出している。このとき頭のなかではどんなことが行われているのだろう。

そこから浮かんだキーワードが「複線思考」と「単線思考」です。

二つの思考のイメージはこうです。列車を走らせるための「線路」が敷かれているとすると、単線思考はその線路が一本だけ。列車が一本の線路上を走っていきます。一方、複線思考の場合は二本以上の線路が敷かれ、列車が並走している状態です。

複線思考では、**「相手の話を聞く」**と

いう作業を行う列車と、「次の質問を準備する」という作業を行う列車が同時に走っている状態です。列車が並走していれば会話の流れを止めることなく、的を射た質問を挟みながらテンポよく話を展開させることができます。

たかがメモかと思われるかもしれません。しかし普通に話しているときには、話を追いかけることに意識が集中してしまうのですが、メモをとっていくだけで、次の発想をするという重層的な時間の使い方ができるようになるのです。

これが単線思考だとどうなるでしょうか。線路は一本しか存在しませんから、相手の話を聞くことのみに意識が向いて、自分に話を振られても瞬時に答えられなくなってしまいます。あるいは反対に、次の話の準備のことで頭がいっぱいになって、肝心の相手の話を聞けていない。そうすると会話がうまく噛み合わない。こういった事態が起こってしまうのです。

よく会話が途切れがちな人がいますが、それは思考が単線だからということになるでしょう。単線思考の人と複線思考の人の会話にはこんな違いが現れるのです。

複線思考ができる人は、どんな状況でも頭のなかに選択肢の列車を走らせ、どれが最もショートカットでき、効率がいいのかを判断しています。大事なポイントを直感的につかみ、仕事の処理にかけるエネルギーを上手に配分することができるのです。

時間を無駄に使ってしまう人は、現実に対して別の視点を持てないから現実をそのまま認識し、自分の使うエネルギーに強弱をつけられず、すべてを均等にやろうとしてしまう。だから時間に余裕がなくなってしまうのです。

目の前の現実をぼんやり感じたり考えたりするのではなく、**「現実の認識」と「別の視点」を自覚的に使い分けていくこと。**これは、地図を見ることに近いかもしれません。道に迷ったとしても、自分がいま地図のなかのどこにいるかが認識できれば、ひとまずはパニックにならず落ち着くことができます。すなわち、自分はいまどんな思考をしているのかを把握できれば、混乱から抜け出せるのです。

複線思考ができれば、ものごとに対する客観的な判断力が身につき、対人関係にも強くなり、ストレスが減ります。どんなに忙しくともむずかしい仕事をやり遂げ、日々を充実させる力になるのです。

「別の視点」の切り口には、たとえば全体を俯瞰する視点、ミクロの視点など、さまざまなものがあります。私はそのなかから、複線思考術として心に余裕を生み、仕事や日常に直接的に役立つスキルにつなげることのできる力は、次の五つにあると考えました。

【複線思考の力 その1】 他者への理解力

自分を中心に現実を捉えるだけでなく、相手の立場に立って「他者視点」でものを考えることができます。独りよがりにならず、相手の気持ちを汲み取ることができるので、「他者実現」が行動の指針になります。どんなに忙しくても、他者と心地よくて深い人間関係を築くことにつながりますし、仕事ではユーザーの求めるヒット商品を生み出す力にもなります。

【複線思考の力 その2】 自分を客観的に見る力

複線思考によって、「もう一人の自分」が自分を少し離れたところから客観的に見ることができます。これはつまり、「自己客観視」ができるということです。この視点があれば、たとえばトラブルに遭遇した場合にもタフに切り抜けられます。怒ったり落ち込んだりと感情的になるばかりでなく、自分を客観的に見ることでパニックにならず、気持ちを切り替えられるのです。また仕事においても、自分の能力を客観的に把握することで、足りないものに気づくことができたり、コンディションを整えることができたりして、自分が成長していくことを実感できます。

【複線思考の力 その3】　全体を俯瞰する力

基本的に、自分が把握している現実というのは全体の一部にしかすぎません。複線思考では一部分だけを見るのではなく、状況をより広い視野で「俯瞰」することができます。視野を広げることができていれば、状況が刻々と変わるようなハードな現実にも、つねに柔軟にルートを変更し、最善の手で対処することができます。また、最も効率のよい「最短ルート」で仕事をすれば、生産的な時間をつくり、スピーディに成果を導き出すことができるのです。

【複線思考の力 その4】　直感と論理を合わせた判断力

人はおおむね直感で動きます。しかし、正確にものごとを判断するには論理的な思考も必要です。その直感が正しかったのかどうか、結果から判断して行動を修正していくことで、論理的に説明することができるようになります。スポーツのような勝負事で一瞬の判断が大きく結果を左右する場合、直感と論理の両方を複線的に働かせることができる選手が一流になれるのです。また、そうした行動がその人のルールにまでなれば、つねにブレることがなく、周囲から信頼されるようになります。

【複線思考の力 その5】 思い込みにとらわれない発想力

現実をそのまま受け止めるのではなく、現実を疑う視点を持つ。あるいは、自分の下そうとする判断が正しいかどうか、データやこれまでの経験を突き合わせて検討する。そうすることで思い込みから脱することができ、思考を深めていくことができます。この「発想力」は、どうにもならないような厳しい現実を打開するアイデアを見いだすことや、既存の常識を覆すようなまったく新しい構想を生みだすことにつながります。

実は、私がこのように複線思考について書こうと思ったのは、いま、日本人の思考がどんどん単線化しているのではないかと危機感を覚えているからなのです。

現代はさまざまな情報にあふれています。わからないこともインターネットで瞬時に答えが出てきますし、ＳＮＳから関連性のない細切れの情報をシャワーのように浴び続けています。そうすると鯉がパクパクと餌を求めるように「はやく答えを言って」と思考のタイムスパンが短くなってしまう。深く考えるための思考の持久力が衰えて、単線化しやすくなっているように思うのです。

単線思考の人は、自己中心的で、融通が利かなくなってしまいがちです。

これだけ！
整理ノート②　複線思考の5つの力

①他者への理解力
- 相手の立場に立つ「他者視点」
- 相手の気持ちを汲み取る「他者実現」

→他者と深い人間関係を築ける
→ユーザーの求めるヒット商品を生み出せる

②自分を客観的に見る力
- もう一人の自分が自分を見る「自己客観視」

→感情や恐怖をコントロールできる
→足りないものがわかり、コンディションを整えられる

③全体を俯瞰する力
- 「全体」と「部分」を分ける広い視野

→状況に応じて柔軟に対処できる
→最も効率のよい「最短ルート」を見つけられる

④直感と論理を合わせた判断力
- 直感の正しさを論理的に説明

→一瞬の判断で勝負に勝てる

⑤思い込みにとらわれない発想力
- 現実を疑う視点を持つ

→世の中の常識を覆す発想ができる

仕事も人間関係も少し視点を変えるだけでもっと楽に捉えられるのに、思い込みに縛られて、うだうだと思い悩んでしまい、その視点を持つことができません。そして、仕事もプライベートも余裕がなくなり、忙しくなるとパニックになり、手に負えなくなってしまいます。

しかし、誰にでも意識的に自分のアタマを単線思考から複線思考へ変化させていくことは可能です。程度の差はあるかもしれませんが、複線思考ができる人は、こうした力を等しく身につけることができるのです。

本書では、さまざまな角度から複線思考を捉え、その考え方を解説しています。複線思考によって仕事のスキルをアップさせる方法や、人間関係を築くためには複線思考をどう取り入れるかといった具体的な方法もたっぷりと紹介します。

忙しくて余裕のない状況に一度はまってしまうと、なかなか抜け出すことができない人もいるでしょう。スピードが増す現代は、つねに効率化を求められ、ストレスも抱えやすくなっています。高い負荷のかかる場面になったら、すぐに「複線思考でいこう」と心のなかで唱えてください。

本書で提案する複線思考をひとつでも身につけて、忙しい日常を生きる皆さんの武器としてもらえると幸いです。

1

余裕を生み出す複線思考、すぐパニックになる単線思考

学生への授業で身につけた、複線思考の会話力

会話をしているときに、相手の話を聞きながら次の展開を予測して疑問を並べたり、自分が話す内容をメモしたりする私の長年の癖。これは同時進行で複数の思考を展開させる、最も基本の複線思考ですが、なぜこんなことができるようになったのかと振り返ってみると、教師をしていることが影響していることに思い当たりました。

私は長年、大学の教壇や私が主宰する塾で学生を前に授業をしてきました。もしここで次の展開を考えていない状況で話をするとどうなるでしょうか。ひととおり話し終えても、学生が都合よく話題を振ってくれることはまずありませんから、自分で話を展開させなければ空白の時間が生まれてしまうのです。

たとえば明治維新について高校で教える場合、「吉田松陰が松下村塾で教えていたのは、とても短い期間でした」と説明したとします。すぐ次に「それなのになぜ、松下村塾はたくさんの優秀な人材を育てることができたのでしょうか」「吉田松陰はなぜ倒幕を考えるようになったのでしょうか」。このように次々と生徒に問いかけながら展開させていかなければ、授業は前に進みません。

Aという説明をしたら、すかさず「では、なぜそうだったのでしょうか」と、いまの自分の説明に、Bという発問で問い返さなければいけないのです。

しかも、授業ではいちいちメモもできませんから、話している最中に、つねに質問を二つ三つ、頭のなかに浮かべておく必要があります。そして生徒の反応を見ながら、興味が続くように問いを選んでいくのです。

生徒全員に届くように言葉を発しながら、頭のなかでは「説明の文脈を組み立てる」「生徒が授業に集中しているかを把握する」「次の質問を複数用意する」「どんな質問が適切かを考える」という思考が同時に行われています。**次を見越して、つねに先回りをしているのです。**

これを野球にたとえるなら、マウンドに立つピッチャーが球を投げ、その球はキャッチャーに向かって飛んでいるけれど、ピッチャーはすでに打ち返された球を受けるために守備の準備をしている。この状況に近いかもしれません。

次の問いを考えながら話をしていく。複線思考の根幹を鍛えてくれたのは、自分の学生たちだったのです。

テンポよく進まない会話はストレスになる

単線思考の人が相手の話を聞いているときには、「相手の話を聞く」か「自分の話を準備する」のどちらかになってしまうため、会話がうまく噛み合わず、お互いに「なんだかスムーズに展開しないなあ」と思うことがしばしば起こります。また、単線思考の人が自分の話をすると「自分が話す」ということにのみ意識が向かってしまいます。

本来であれば「状況に応じて話の文脈を組み立てる」「オチを用意する」「相手の反応を意識する」ということにも意識を向ける必要があるのですが、それができません。すると、

「話している途中で、何の話をしているのかわからなくなってしまう」

「会話が堂々巡りをしてしまう」

「ひとつ話が終わったら、会話が途切れてしまう」

このような状況に陥ってしまうのです。こうした会話の拙さは、ときに人をイライラさせてしまうことがあります。

外山滋比古さんは、著書『心と心をつなぐ話し方』（ＰＨＰ文庫）で、現代は言葉のテ

これだけ！
整理ノート③

会話がうまくなるには？

単線思考				複線思考
・相手の話を聞く ・自分が何を話すか準備する ・自分で話す △以上のどれかだけになる	⇨	・会話がスムーズに展開しない…… ・会話が堂々巡りになる…… ・会話が途切れてしまう……	⇨	・相手の話を聞きながら次の展開を予測して質問をメモする ・話の着地点（この話は何のためにしているのか、相手の話とどういう文脈でつながっているのか）を意識しながら話す

ンポが速くなり、話すスピードが速いほうを心地よいと思うようになっていると書いています。

ＮＨＫのアナウンサーがニュース原稿を読むスピードは一分間に三百六十字だかの速さだそうです。

ＮＨＫが、若い人たちに集まってもらい、同じ原稿を一分間三百六十字の速度と、一分間、四百字の速度のふた通りに読んだのをきかせて、どちらがいいかときいたところ、一分間四百字の方がいいという声の方が多かったそうです。三百六十字だって相当なものですが、それをさらに一割強速くした方がよいというのですから、かなりの早口、早耳（こんなことばはありませんが、早口をきく耳のことにしておきます）だと言わなくてはなりません。

時代とともに、言葉のスピードが速くなり、それを心地よいと感じるようになっている。これは、単位時間あたりの情報量を増やし、単位時間あたりの快楽を増やしたいという、貪欲な現代人の欲望の表れかもしれません。

スーパーのレジ打ちにしても、「愛想はいいけれど、ものすごく作業が遅い人」と、

「愛想はイマイチかもしれないけれど、すごく作業が速い人」だったら、速くて正確な人のほうが求められていると思います。仕事が速くて正確であるということ自体が、一種のサービスになっている時代なのです。

昔なら、一つひとつ言葉を選んで話す人は誠実そうな印象を与えたり、説得力があるように受け取られたかもしれませんが、現代はそうではありません。会話がテンポよく進まないと、人はそこにストレスを感じてしまいます。話すときの言葉を選ぶ速度も、あまりに遅いと今の時代にはそぐわないのではないかと思います。

現代はスピードアップしているから、**話し方ひとつで相手のあなたに抱く感情も変わる可能性がある。**これは覚えておいたほうがいいと思います。

着地点が見えないまま話をしていると、相手に「結局この人は何を言いたいのだろう」と思われてしまいます。もちろんお笑い芸人ではないので、笑いが起きるようなオチを用意する必要はありません。

しかし、少なくとも**「この話は何のためにしているのか」「相手の話とどういう文脈でつながっているのか」**という二点は、意識したいものです。

文脈への意識は、自分が話すときだけでなく、相手の話を聞くときにも必要です。複線思考ができる人は、話の展開が一、二、三、四……と積み上げられていくとすると、話が一、四、三……とバラバラになっていたとしても、相手の話を俯瞰するように聞くことで、そこから文脈を見いだすことができます。

より高度な複線思考となると、**一見バラバラなもののように見える事柄に、文脈を見いだすことができます。**

ここで一つ、文脈に強くなるためにゲーム感覚でできるトレーニングをご紹介しましょう。

ランダムに選んだ二〇個ほどの単語のなかから五個を選んで短いストーリーをつくってみるのです。

たとえば、「昆布」「本」「布団」「カバン」「ライト」という五つの単語を選んだとします。そこからどんなストーリーができるでしょうか。

「カバンに忍ばせた昆布を食べながら本を読んでいたら、眠くなってきたので布団にもぐってライトを消した」

たとえばこんなストーリーをつくったとすると、つながりのないバラバラの単語に自分なりの文脈を与えたことになります。このゲームによって、事柄と事柄のつながりを表現する力を鍛えることができます。これは文脈をつくるという新しい「線路」を敷設する複線思考のトレーニングでもあるのです。

相手の文脈に合わせて、速く正確に着地点までたどり着くように話す。たとえ相手の話の文脈が整理されていなかったとしても、そこから的確に言いたいことをつかんで、意見を述べることができる。これが、スピードを重視するいまの時代が必要としている会話力です。

思考の宙ぶらりん状態に耐えよう

現代は単線思考に陥りやすい時代になっていると思います。

スピードアップする時代に沿うように、テレビ番組も展開がどんどん速くなっています。通常、番組には全体を通してひとつの大きなテーマがあり、それに基づいて展開する「文脈」があります。しかし昨今は、細切れの情報ばかりが連発されるテレビ番組を多く見かけます。クイズ番組も人気ですが、出される問題に関連性は見当たりません。答えを掘り下げるところまでいかず、ひたすら何問もクイズが連発されます。

視聴者の意識のなかに「刹那的な情報快楽」みたいなものが存在し、それを満たすようなテレビ番組が次々と生まれています。

一時期、「女子高生言葉」で話題になった「〜ていうか」という言葉も、話の文脈を無視する言葉です。この言葉を発することで「その文脈は終わり。私の話をさせてもらいますよ」と自己主張をしているのです。「〜ていうか」で会話をつなぐのは、効率のよい自己主張の連鎖です。思いついたその場で言いたいことを言う。それを面白いと感じているわけです。

ツイッターも短い文字数で「いま」の連続で展開しています。そこに複雑な文脈はありません。

そうした刹那的に与えられる情報に慣れていくと、思考のタイムスパンが短くなってしまいます。文脈を捉えようとする思考が衰え、「現実の認識」のみに注意を向けるようになる。求められるのは「早く結論が出て、しかもわかりやすいもの」。現代はわからないことがあっても、インターネットで調べれば、すぐに答えが出てきます。

このような状況が続くと、文脈を見いだす意欲や、意味を深く考えたくなる欲求が薄まっていくのではないかと懸念しています。いくらスピードを重視すると言っても、思考のタイムスパンまで短いと、先を考えず、いまのことしか見えなくなってしまうのです。

複線的な著述は、たしかにわかりやすいものではありません。たとえば、ソクラテスの弁証法的な問答もそうです。これは対話法とも言われていますが、相手の考えていることに対して、反対のことを言ったり問いかけたりしながら、より認識を高めるように会話が展開します。『メノン』では、「徳は教えられうるか」という問いについてソクラテスとメノンが次のように対話します。

メノン　(前略)徳が知識であるとするならば、ソクラテス、それが教えられうるものであることは明らかでしょう。
ソクラテス　ゼウスに誓って、たぶんね。――しかしひょっとして、われわれがそのことに同意したのは正しくなかったのではあるまいか。
メノン　でもたったいま、たしかに正しい所論と思われたのですよ。
ソクラテス　いや、少しでもそれに確かなところがあるべきだとするなら、たったいまそう思われたというだけでなく、いまこの現在においても、将来においても、やはり正しい所論と思われるのでなければならないだろう。
メノン　どうしたのですか、いったい。何のつもりであなたはこの結論に難色を示し、徳が知識であるということを疑うのですか?

（プラトン『メノン』　藤沢令夫訳　岩波文庫）

このあとソクラテスは、徳が教えられうるものだとしたら「かならずその事柄を教える教師たちと、それを学ぶ弟子たちがいなければならないはずではないかね？」と再度メノンに問いかけます。メノンがそれを肯定すると、ソクラテスは徳を教える教師を見つけ出すことができない、と再び結論を否定するような発言をするのです。対話によって問いかけたり矛盾を受け入れたりしながら、「徳とは知識だ」という定義を改めて考え直そうとしています。

正しいと思っていることが、問答を通して掘り下げて考えると、実はそうとは言い切れないということに気がつくことができます。弁証法は、対話を通じて思い込みを解き、「わかっていると思っていたけど、わかっていなかったのだなあ」（無知の知）と自分の考えの矛盾点に気づかせる方法なのです。

問いかけをすることで、今考えていることに「あれっ」と疑問を持つ。弁証法はテーゼに対して反対の命題を立てて、思考を深める方法です。この展開は一見ややこしく、結論が何なのか、最終判断が保留になったような「思考の宙ぶらりん状態」にあるわけですが、そこに耐えていると、自分の考えが決めつけであったことに気づけるのです。

相手の疑問を受け付ける度量がない人もいます。そういった人はほかの人の思考を線路として入れることができない単線思考と言えます。ほかの人の疑問や質問を受け入れて、それを自分のなかで発展させることができない。**思考の宙ぶらりん状態に耐え、ほかの人の思考を受け入れるプロセスが、弁証法的なのです。**

一問一答式の問答やSNSは単線思考的

思考の宙ぶらりん状態とは、体育で鉄棒にぶらさがって何秒持ちこたえられるか、という体力テストみたいなもので、一〇秒しか耐えられない人もいれば、一分耐えられる人もいる。「文脈に対する持久力」と言い換えることもできますが、徐々にこの持久力がなくなってきていると思うのです。

教育でも一問一答式の問題と論述問題がありますが、論述問題を解こうとすると「思考の宙ぶらりん状態」が続きます。論述問題の答えはひとつではありません。いかようにも考えられるし、結論につなげるためには文脈力も必要とされます。

たとえば「第一次世界大戦と第二次世界大戦の間に、なぜヒトラーが存在するのか」という論述問題が出されたとします。すると、「ヒトラーがはじめて登場した時代」「第一次世界大戦後のドイツに対する賠償金の支払い要求」「熱狂的なヒトラーの人気」「インフレの進行と中産階級の没落」「失業者を救済する経済政策」などで文脈をつくり展開させていくことが必要です。知的な持久力がない人は論述問題も苦手な傾向にあります。

一方、一問一答式は、問いと答えがセットになっていて、すぐに正解か不正解かがわかります。結論を今すぐ知ることができる。しかし、その問題を解いても思考に広がりが出ません。

単線思考をさらに助長していると感じるのが、SNSでのコミュニケーションです。SNS上では一見さまざまな対話が生まれているように見えますが、それは同質性の高い人と、同レベルの会話を続けているだけです。

自分の思考を広げてくれるような、ハイレベルなものや深い次元のもの。それらと触れ合う瞬間を一日のうち何時間か持っていないと、人としての厚みがなくなってしまいます。情報化社会が進んで、本来なら簡単にすごいものに出会えるようになったはずなのに、案外自分の気に入る狭い範囲内のものにしか出会っていません。自分の好みのものだけを反復し、それをよしとする意識が、単線思考化を加速させています。

単線思考はマインドコントロールにかかりやすい⁉

思考が単線であるということは、とても強い力を持っています。「AはBである」という一本の線だけが存在し、そこに対して疑問を挟む余地がありません。

「自分たちは善である、善であるからすべて許される」

こんなふうに、いとも簡単に思考がエスカレートして、飛躍したもの同士がイコールで結ばれてしまう。そういう危うさをはらんでいるのです。

だから単線思考の人はマインドコントロールにかかりやすい人だと言うこともできるでしょう。

少し話が大きくなりますが、国民全体が極端な単線思考に陥った社会の例が、ファシズムだと思います。『ファシズム』（山口定　岩波現代文庫）では、ファシズム体制の特質の第一に「一党独裁とそれを可能にするための『強制的同質化』（Gleichschaltung）と呼ばれる画一的で全面的な組織化の強行」を挙げています。

一党独裁で権力を握る一人が「わかりやすい単純な命題」を繰り返すことで国民の思考を単線化させ、一つの方向に一気にエネルギーを向けていくのがファシズムです。単純であるが故に、思い込みの力は強く、人々はその思考が間違っていたとしても、なかなかなかそこから抜け出せません。

かつて小泉純一郎首相は、「郵政民営化にイエスかノーか」と国民に問いかけて、二〇〇五年に衆議院を解散、総選挙を行いました。それまで、イエスもノーも考えていなかった人が、突然そこで選択を迫られたわけです。「えっと、どっちだ?」と考えましたが、本当はそのときにもっと深いところで議論が生まれてもよかったはずです。イエスかノーかの二者択一を迫られた瞬間、疑問を挟むことなく、思考を止めてしまった。

この場合は国民に選択を持ちかけているので、もちろんファシズムではありませんが、問いと答えがセットとなった一問一答式の問いかけからは、思考が広がりにくい。つまり、単線思考を助長してしまうのです。

単線思考が蔓延した社会の未来がどうなるかというと、象徴的なのが社会主義国や共産主義国です。これらの国の多くが二〇世紀の間に崩壊しました。要因のひとつには、柔軟に「ルート」を変更できなかったことが挙げられると思います。

たとえば社会主義国が五ヵ年計画を定めた場合、国が計画策定から進行の手順、指導や調整方法まですべて細かく決めてしまいます。そうするとひとつの工事が滞ると、次の工事に進むことができません。合理的な手段に変更することもできず、計画自体が行き詰まってしまいます。

「こういう社会にするべきだ」という理想に対して、現実がそのとおりにいかないと、効率が悪くなって社会も停滞してしまう。市場経済は、合理的でないものは淘汰され、効率のいいものが選択され生き残っていくはずです。しかし単線思考化した社会では、一本道しか用意されていません。「これしかない」と思い込み疑問を持つことを忘れてしまうと、どこかが破綻したときに、先に進めなくなってしまうのです。


二〇一一年の東日本大震災による福島第一原発事故も、単線思考の蔓延が招いたと言えるのではないでしょうか。事故の原因究明のため、その年の一二月、国会に福島原発事故調査委員会（国会事故調）が立ち上げられました。二〇一二年七月に発表された調査報告書の冒頭に、黒川清委員長によるこんな言葉が書かれています。

「想定できたはずの事故がなぜ起こったのか。（中略）入社や入省年次で上り詰める『単線路線のエリート』たちにとって、前例を踏襲すること、組織の利益を守ることは、重要な使命となった。この使命は、国民の命を守ることよりも優先され、世界の安全に対する動向を知りながらも、それらに目を向けず安全対策は先送りされた」

黒川さんは、「単線路線のエリート」という表現を使いながら、事故は人災だと厳しく追及しています。「単線」であることが、かれらの思考を停止させ、優先すべき判断基準がおかしくなってしまった。「一〇メートルを超える津波など来るはずがない」「全電源喪失など起こるわけがない」「世界一安全な日本の原発でメルトダウンなど起きるわけがない」といったエリートたちの「想定」は、一つも正しくありませんでした。

多くの科学者が、あの状況ならメルトダウンが起きているはずだと考えたにもかかわらず、まるでマインドコントロールされたかのように、いつまでも「想定」にしがみつき、メルトダウンを前提とした避難を考えませんでした。諸外国が日本にいる同国人たちに一刻も早い避難を呼びかけたというのに。

想定外のことに目を向けようとせず、想定外を前提にした選択肢をとれないという単線思考の弊害は、私たちの暮らしを脅かし、最悪の事態を招いてしまうこともある。単線思考化がいかに危険かということを、あの原発事故はまざまざと私たちに実感させました。

複線思考はモードを自在に切り替えられる

「仕事モード」「遊びモード」など、よく「〇〇モード」という言い方をします。この本を読んでいるあなたは、もしかすると「インプットモード」かもしれません。あるいは「リラックスモード」という方もいるかもしれません。

複線思考とは、「現実の認識」に対して「別の視点」を同時並行的に持ち、複数の思考を行うことだと「イントロ」で説明をしましたが、**モードからモードへ線路をうまく切り替える**ことができるのも、複線思考だからこそ可能になります。

まず自分がいまどんなモードかを意識すること自体が、客観的な視点を持つということになりますし、切り替えがうまくできると、一時的に感情的になったとしてもすぐに冷静な自分を取り戻せます。さらに、モードチェンジに慣れてくると、ひとつのモードに入るとすぐに集中できる。だから仕事の生産性を上げることができるのです。

これからの仕事は、同じ労働時間でもどれだけ質の高い仕事をし、どれだけの結果が残せたのかが問われてくるでしょう。結果を出せれば、一日五時間労働であったとしても「良し」とされる。家でコーヒーを飲みながら進めたほうが効率よく進むのであれば、その仕事は家でやってもいい。そういう社会になっていくと思うのです。

そうなると、大事なのは、いかにスムーズにモードに入って仕事に集中できるかということ。仕事が早く終わればそのほかの時間は自由に使えるのですから。

いかにモードからモードへの切り替えをスムーズにし、仕事に集中する「ゴールデン

タイム」をキープできるか。これが重要になります。

単線思考だとモードへの意識が希薄になり、仕事の優先順位をつけずに四六時中、目の前のものからダラダラと続けるような、生産性の低い仕事のやり方になってしまうでしょう。

村上春樹さんはインタビューで、自分の執筆の習慣を守り、一日に書く量をきっちりと決めていると語っていました。

習慣はすごく大事です。（中略）だれとも口をきかないで、ひたすら書いています。十枚書くとやめて、だいたいそこで走る。（中略）もう少し書きたいと思っても書かないし、八枚でもうこれ以上書けないなと思っても何とか十枚書く。もっと書きたいと思っても書かない。もっと書きたいという気持ちを明日のためにとっておく。それは僕が長距離ランナーだからでしょうね。だって、マラソン・レースなら、きょうはもういっぱいだなと思っても四十キロでやめるわけにはいかないし、もっと走りたいからといってわざわざ四十五キロは走らない。それはもう決まりごとなんです。

（「考える人」二〇一〇年夏号　新潮社）

また、『スタンド・バイ・ミー』『グリーン・マイル』などで知られるアメリカの小説家、スティーヴン・キングも執筆の習慣を大切に守った作家です。

私の毎日は決まりきった時間割である。午前中は仕掛かりの作品を書き進める。午後は昼寝と手紙の返事。夜は読書と家族団欒。レッドソックスのテレビ中継。急ぎの改訂。というわけで、原則として、執筆は午前中と決めている。

取りかかった作品は、完成するまでペースを落とさずに書き続ける。毎日きちんと書かないと、頭の中で人物が張りをなくす。（中略）

私の場合、よほど差し迫った事情がない限り、二千語書くまで仕事は切り上げない決まりである。

（スティーヴン・キング『小説作法』池央耿訳　アーティストハウス）

そして、書斎についても「ただ一つ、必要なのはドアを閉じて外部と隔絶することだ。閉じたドアは、人はもちろん、自身に対しても、覚悟の表明である。（中略）なるべくなら、書斎に電話はない方がいい。テレビやビデオゲームなど、暇潰しの道具は論外である。窓はカーテンを引き、あるいは、ブラインドを降ろす」（同）と、こだわりを持っていたことがわかります。

作家というと書けるときには目いっぱい書いて、そのあとしばらく書かないという不規則な仕事のスタイルがイメージされますが、「午前中しか書かない」とか、「何文字書いたらやめる」などと、きっちりと決めている人が多いようです。

モードの切り替えは、自分のメンタルを良い状態にキープするためにも有効な手段です。忙しい状況が続いたりトラブルに遭遇したりして、ストレスが溜まっていると感じたときも、気持ちを切り替えることができる。気にしても仕方のないことは、さっぱりと諦めることができる。そうすれば気持ちに余裕も生まれます。

複数の線路があれば自由に行き来できる。複線思考で上手に切り替えられれば、それは仕事の効率の良さにつながり、ストレスに強くもなれるのです。

目的までたどり着くためのルートを柔軟に編み出せる

複線思考とは、状況全体を俯瞰して、目的までのルートをいくつも編み出す力のことでもあります。

二〇一四年のサッカーワールドカップでは、日本の選手が「自分たちのサッカー」というフレーズをよく使っていました。試合前、選手たちは「自分たちのサッカーができれば、相手がどんなチームでも関係ない」ということをよく言っていました。そして試合に負けた後のインタビューでは「自分たちのサッカーができなかったのが原因だ」と答える。こうしたシーンを記憶している方も多いのではないでしょうか。

しかし優勝国のドイツは、「自分たちのサッカーをしよう」とは考えていなかったそうです。開催国は南米ブラジルです。そこで試合をするのだから、普段自分たちが試合をする環境とはまったく違う。慣れない気候に合わせて「自分たちのサッカー」をどう変えるか。ドイツのヨアヒム・レーブ監督は、「南米の気候ではハイプレスの持続は難しい」と、これまでの方針を切り替えました。つまり、前線から積極的に相手ボールを奪う「ハイプレス」は運動量が多く、選手もそれだけ消耗します。そこで攻撃面でパスサッカーを徹底しながら、コンパクトな守備を保つ戦術に修正したのです（「ナンバープラス」二〇一四年八月号　文藝春秋）。

本番では自分たちのサッカーができないかもしれない。これは当初から予想されていたことです。それを想定したうえで「自分たちのサッカーが通用しないなら、ほかに自分たちの売りはないか」と、逆算して考えなければいけなかった。**複数の選択肢を用意して、相手によって戦略を変える。**その都度、ベストな戦い方を考えなければダメなのです。

望む結果にたどり着くまでのルートをいくつも用意できる。これは状況を俯瞰できる複線思考の強みでもあります。単線思考だと、ひとつのやり方を押し通そうとしてしまいます。

たとえばロッククライミングで重要なのは、壁面の状況に合わせてどこに足や手を引っかけるか、そのルートを見つける能力だそうです。複線思考のルートを編み出す能力は、これと同じことなのです。

大切なのはどんなルートを通ったかではなく、目標とする結果を手に入れること。ひとつのルートに固執する必要はありません。プロセスは状況に応じて柔軟に変更していいのです。全体を俯瞰する力があれば、そのときの状況に最も合う最適なルートを見つけることができます。

仕事でも途中でルートの変更を余儀なくされることは多々あるはずです。仕事のスピードが速くなっているので、杓子定規な考え方では現実に対応できません。単線思考だ

これだけ！整理ノート④　単線ルートと複線ルート

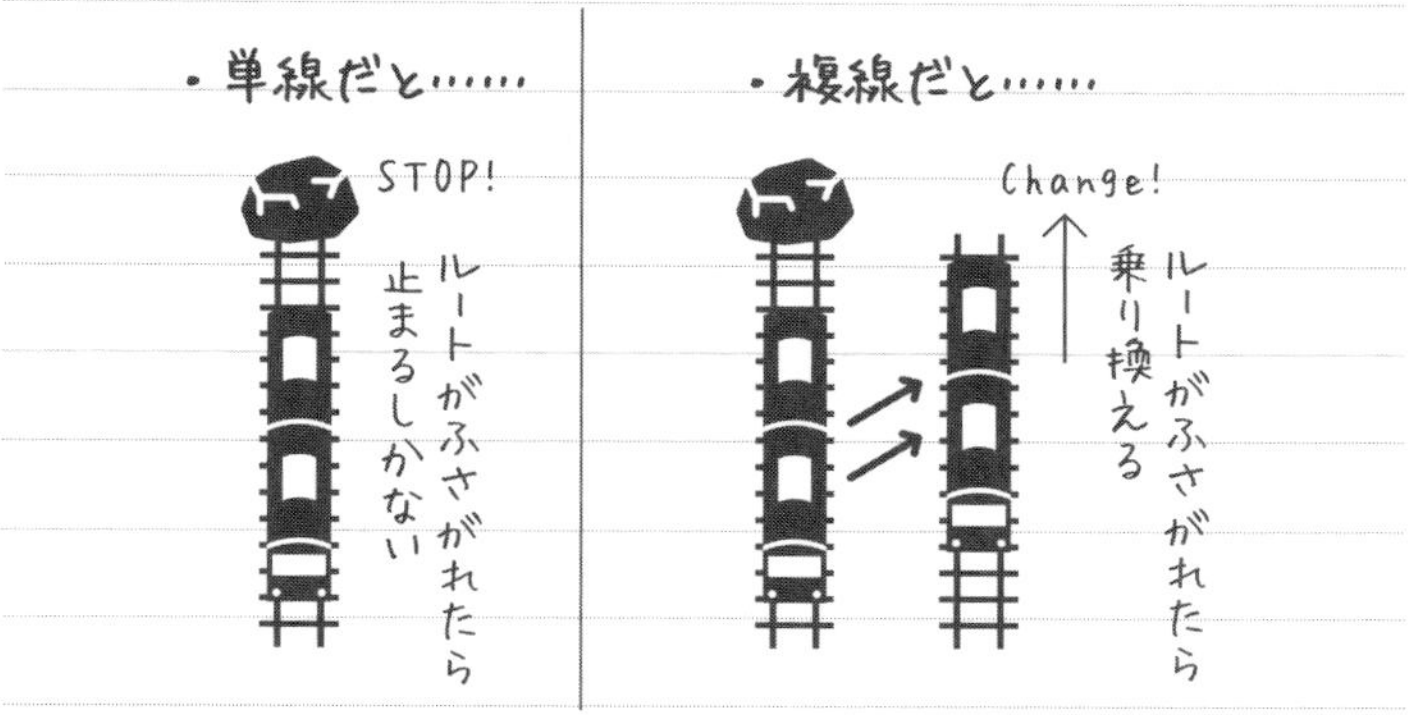

と、すでに通用しなくなったやり方にこだわってしまいます。その結果、行き詰まって自滅してしまったり、「そんなはずはない」と現実から目を背けてしまったりすることもあるかもしれません。それでは事態は好転しませんし、自分も苦しいばかりです。

勝海舟の談話をまとめた『氷川清話』にも、次のような一文があります。

おれなぞは、一つの方法でいけないと思つたら、更に他の方法を求めるといふ風に、議論よりはとにかく実行でもつて国家に尽すのだ。毎度いふ事だが、彼《か》の大政奉還の計を立てたのも、つまりこの精神からだ。

（勝海舟『氷川清話』江藤淳・松浦玲編　講談社学術文庫）

ひとつの方法では思うように進めないとわかったら、別の方法で実行する。

実務を担当し、現実を動かす立場にあった勝海舟は、ひとつの方法にこだわってはいられない。これでダメなら別の方法を試してみようという姿勢で幕末の荒波を乗り越えてきたのです。

現実が思い通りにいかなくても、ルートはいくらでも用意できる。ほかのルートを探せばいい。その発想に立つことで、気持ちも楽になるのではないでしょうか。

大切なのは結果です。「この結果に行きつくなら、なんでもいいや」と割り切って、ルートを自在に選べるかどうか。この手がダメならあの手があるさ、というように、ルートAが行き詰まったらルートB、それでも難しければルートC……と、いくつもルートを編み出せる力があれば、難局を切り抜けられるのです。

テレビ番組で司会を担当するキャスターは、このルートを選択する力に優れている人が多いように感じます。私はＴＢＳ系の「情報７ｄａｙｓニュースキャスター」という生放送の番組で安住紳一郎さんやビートたけしさんと六年ほどご一緒させていただいていますが、生放送のキャスターには複線思考が求められます。

たけしさんが今日番組で何を話したいのか。調子はどうか。それは、その場になってみないとはっきりしない部分がありました。安住キャスターはそういうとき、たけしさんの反応を受けて「今日はここを膨らませられる」と気づくと、台本のパターンを崩してでも一気に膨らませてしまいます。話す速度も、その場その場で絶妙に変えていました。

目的は台本どおりに進行することではなく、番組を面白くすること。そのためのルートを臨機応変に選択していたのです。

ところで、「自分たちのサッカーができなかった」というフレーズがテレビで何度も流れていた当時は、朝会社に遅刻したら「電車が遅れて自分たちの通勤ができなかった」。テストの成績が悪かったら「自分たちの試験勉強ができなかった」。こうしたパロディがたくさん生まれました。インターネットで見かけたとき、これはなかなかうまいことを言うなあと感心してしまいました。絶好の言い訳のネタにされていたわけです。

しかしいま思うと、あれだけ「自分たちのサッカー」というフレーズが浸透したのは、日本全体が一種の単線思考に陥っていたからかもしれません。

さまぁ～ずの融通無碍な余裕感

売れっ子の芸能人のなかには「複線思考的だな」と思う方がたくさんいます。芸人の「さまぁ～ず」もそうです。

なにかの収録で一緒になったことがあるのですが、さまぁ～ずは控え室にいるときと収録中の差がすごく少ないコンビです。二人は控え室の雰囲気のまま本番の収録に入り、しかも面白いことを言える芸人さんだと思います。鋭い面白さを持っているのに、ぜんぜん鋭くないように見える。狙って笑いを取りにいっている感じや、無理な力みを一切感じません。その「ゆるさ」の加減がすごく絶妙で、二人がいるだけで、番組全体もどこかゆるい空気が流れます。そんな雰囲気だから、視聴者も気楽に楽しむことができるのです。

そしてテレビ東京系の「モヤモヤさまぁ～ず2」という番組が典型かもしれませんが、さまぁ～ずはどんな街に行っても対応できる、「融通無碍な自然体」を持っています。ときには行った先に何もないような、ほんとうにモヤモヤしてしまうような街もあります。その場で、しょうもないことが起きることもある。そんなときに「しょうもない」と言うけれど、どこか楽しそうです。ツッコミを入れてふざけているけれども、それによって誰も傷ついていません。

しかも、さまぁ〜ずは、いまでは各局でのレギュラー番組の本数もすごく多い、最前線にいるコンビなのに、なぜか「トップ感」がありません。下積みの時代を経てようやくここまでたどり着いた人の持つ、「天下を取ったぞ」というギラギラしたものがまるで感じられないのです。たとえレギュラーが減ったとしても切羽詰まった感じを出さずに、これまでどおりの雰囲気なのだろうなと思わせるものがあります。そんな「余裕」が感じられるコンビです。

「こうしなければならない」「こうであるべきだ」といった発想に縛られている単線思考の人とは、対極の位置にいると感じます。どんな状況でも「ゆるさ」や「余裕感」といった自分たちの持ち味を崩さずに、柔軟にルートを選択できる人たちだと思います。

余裕感は、人間関係においても仕事においても、ひじょうに大事です。

切羽詰まっている人のもとに、人は寄ってきません。

自分に置き換えて考えてみても、相手が切羽詰まった状態だったら、気軽に話しかけられないし、怖い感じがするものです。もしもすがられてしまうと、こちらも気疲れしてしまいます。人にはリスクを察知する機能が備わっています。「ギリギリの状態の人は避けたほうがいい」。こう感じるのは、人間の本能のようなものだと思います。

別にその仕事がなくてもやっていける、というくらいの余裕のある人ほど、なぜか次々と仕事が舞い込んでくるものです。

これは、仕事がなくなったとしても、気楽に付き合えそうだという意識が働くからでしょう。気持ちを軽くさせるから付き合いやすい。だからまた仕事を頼みたくなる。仕事はこういったサイクルでまわっているのです。

NHK・Eテレの「にほんごであそぼ」の番組作りでご一緒しているアートディレクターの方は、「速い、安い、うまい」を標榜しています。しかも駆け出しの方ではなく、すでに経験豊富な、力のあるアートディレクターです。しかし、この方はどこへ行っても「速い、安い、うまいの○○です」と自己紹介をするのです。それがすごくわかりやすい。アピールの仕方にも余裕が感じられて、こちらも楽しい。経験があるのに、敷居が低い感じがして融通が利きそう。そう思わせるのは、その人が自分を客観視できているからなのではないかと思います。「それじゃあ、ちょっと頼んでみようかな」と気軽に頼むことができる。これは人の「間口の広さ」と言えるかもしれません。今の時代はこういう人が受け入れられるのではないでしょうか。

もちろん真正面から「仕事をください！」と言って、必死さをアピールすることが大事な時期もあるでしょう。そのあたりの見極めも重要ですが、**仕事も人も、余裕のある人間に集まってくる**ものだということ。これは覚えておくといいと思います。

「仕事があれば喜んでやらせていただきます。でも、なければないで、また声をかけてくださいね」

つねにこのくらい柔軟な姿勢を見せられる余裕がほしいものです。気負うことなく「とりあえずお願いします」と気楽にはじまった人間関係こそ、後に少しずつ濃くなっていくものなのです。

有吉弘行さんの仕切りのうまさは複線思考

全体を俯瞰する優れた力を持っていると感じるのが、有吉弘行さん。私が驚いたのは、有吉さんがＭＣをされている日本テレビ系の「有吉反省会」に出演させていただいたときのことです。ほとんど打ち合わせなしだと言ってもいいくらいに、打ち合わせの時間が短かったのです。

そして収録に入ると、放映時間と収録時間がほとんど同じでした。ほかの番組に比べると収録時間がとても短いのです。つまり出演者のコメントの「撮れ高」が抜群によく、編集で切り落とすところが少ない。だから、この番組は出演者にとってもスタッフにとっても、ものすごくコストパフォーマンスがいいということになります。しかも肝心の視聴率も安定しているのです。

なぜ、こんなことが可能なのでしょうか。

有吉さんは、「仕切り感」が強いわけでもないのに、すごくてきぱきと進行されています。「これ以上、ここを掘り下げてもしかたがない」という場合は、さっさと切り上げる。でも引き延ばせる場合は、とことん引き延ばす。

以前、長州力さんと藤波辰爾さんがゲストだったとき、「藤波さんは滑舌がよくない」と長州さんがいじる流れになった。でも、滑舌がよくないのは長州さんも同じでした。それで番組内で舌の運動をしたりして盛り上がり、そのときの収録が珍しく延びたことがあります。あとから聞くと、もともとその回にはほかにも何人かゲストを予定していたけれど、長州さんと藤波さんのネタだけで一回分の番組を作ったそうです。そうすると、その回に予定していたゲストは、次の週にまわせるわけです。

有吉さんは、**段取りはしっかり守るけれど、尺の伸び縮みは自在に展開できる。**こういったところがかなり柔軟なのです。現場監督のように、その場で瞬時に判断をしていきます。これは全体を俯瞰する優れた複線思考ができるからです。ディレクターさんも有吉さんにその力があるとわかっているので、任せているのでしょう。

有吉さんの仕切りのうまさは、みんなが思っていたことを代弁できる才能にもあると思います。

以前、「有吉反省会」で地下アイドルのような人がゲストで登場したことがありました。出演者も視聴者も「いったい誰だ?」という気持ちで見ていた。そんなとき有吉さんは、「よくここまでたどり着いたな」と言うわけです。みんなが「そうそう、それを聞きたかった」と笑いが起きる。有吉さんが仕切ることで、みんなの引っかかりが解けていく感じがあるのです。

そもそも引っかかりがまったくない番組も面白くないわけで、その地下アイドルの、「この見たことのない娘はどうしてここにいるんだ」という状況自体は面白い。でもその疑問がすっきりした形で解かれないと、見ている側はどこかすっきりしない。有吉さんは、その微妙な線を上手に料理できる人なのです。

これは、有吉さんの「あだ名をつける」芸にも関係しているかもしれません。短い時間で切れ味よく、絶妙なあだ名をつけていく。あだ名による鋭い毒舌は、みんながぼんやり思っていたことを、一瞬で特徴を捉えて言う、とても効率がいい芸です。キャッチフレーズ的に強い言葉を出せると、番組制作者にとってもありがたいわけです。「画面に出すテロップに収まるか」ということまで計算していたと思います。

切れ味よく、ものごとを手短に話せるのは、相手の話す文脈を的確に捉えながら、並行してコメントを用意していないとできません。ひじょうに複線思考的だと思います。

何かの特番で有吉さんと私が隣同士になったとき、私は有吉さんにまた別の魅力があることに気がつきました。

有吉さんは当時すでにMCもするポジションにいましたが、そのときはたくさんの出演者のなかのひとりとして座っていました。でも、リアクションが誰よりも激しいのです。ほかの出演者は、自分の出番以外には、ちょっと気を抜いているものです。有吉さんもMCがあれだけできる方ですから、状況を冷静に読みながら「このときだけはリアクションをしておこう」と効率のよい反応をするのかと思いましたが、違っていました。つねに誰よりも笑って、身をよじって驚いたり、ウケたりして、大きなリアクションで場を盛り上げていたのです。

ＭＣのときの仕切りのうまさ、そしてゲストとして呼ばれたときの場を盛り上げるリアクション。それぞれのポジションを柔軟にこなすことができる人なのだと思います。

男でも女でもないから見えるものがある

テレビでオネエ系と呼ばれるタレントの方を見ない日はありません。これだけ人気があるのは、その人たちが**男性でも女性でもない、複線化せざるを得ない視点を持っているる**からだと思います。

ほかの人であれば単線的にしか見えないものも、性差を超えた視点を持つオネエ系の人は、自然と自分を客観的に見る視点や全体を俯瞰して捉える視野の広さといった複線思考を身につけていきます。視聴者は「よく見えているな」と感心し、複線的な視点から繰り出される鋭いコメントを求めるようになっていく。そういう人に一種の信頼感を覚えるのです。

マツコ・デラックスさんの場合は「境界線上の人間」として、端っこの位置から見ている視点が面白いのですが、いまとなってはあまりに人気が高く、テレビの中心に存在しています。

マツコさんは自身の人気ぶりをこう分析しています。

やっぱ男も女も敵同士なんだよ。同性も異性も敵なのよ。その点オカマは、いい言い方をすれば中立、悪い言い方をすれば、仲間外れなのよ。そんな仲間外れの人間が言うことなんて、男にとっても女にとっても、痛くも痒くもないわけよ。多少は少し踏み込んだ発言をしても、許されるの。テレビ局もそこに乗ってくるの。そういった要望に精一杯、応えているっていうのが現状よ。

（マツコ・デラックス『デラックスじゃない』双葉社）

男でも女でもない立場から見えてくるものがある。だからこそ言いやすいことがある。マツコさんの人気には、巧みなコメント力という面白さだけでなく、視聴者の共感も大きく関係していると思います。普通みんなが気づかないようなことをはっきり言ってくれることで、感覚的に「ああ、そのとおりだ」と腑に落ちるような気持ちよさがあります。

もう「男だから」「女だから」という時代ではなくなっています。性も複線化して、時代が柔軟性を求めている、そんな気がします。

セルフチェックシート①　複線思考ができればパニックにならない理由

- □ 次を見越して先回りできる。
- □ 会話をテンポよく進められる。
- □ バラバラなものごとに文脈を見いだせる。
- □ 他人の思考を受け入れられる。
- □ 「思考の宙ぶらりん状態」に耐え、知的持久力がつく。
- □ マインドコントロールにかからない。
- □ スムーズに仕事に集中できる。
- □ 相手によって戦略を変えられる。
- □ 望む結果にたどり着くルートをいくつも用意できる。
- □ 無理に力まない。
- □ 全体を見て仕切れる。

今すぐできること

●自分の話に着地点をつくる。「何のためにこの話をしているのか」「相手の話とどういう文脈でつながっているのか」を意識して話をする。
●ランダムに選んだ二〇個の単語から五つを選んで、短いストーリーをつくってみる。
●論述問題を自分でつくってみる。答えを考えるときには、因果関係の文脈を意識するのがポイント。
●本や音楽、映画でこれまで興味を持たなかったものにも触れてみる。
●目的に向かう代替案を複数用意する。途中でうまくいかなくなったら、ほかのルートはないかと考えてみる。思い通りにいかず落ち込んでしまいそうになったら、「最終的にゴールできればいい」と気楽に考えて、ほかのルートを探す。

2

複線思考術1

「自己視点」と「他者視点」を両立させる複線思考

他者視点に立てる複線思考がヒットを生み出す

セブン&アイ・ホールディングスの鈴木敏文会長に呼ばれて、入社式の挨拶をさせてもらうことがあります。その入社式で私の心に残っているのが、鈴木会長から新入社員に贈られる言葉です。それは「消費者の目を忘れるな」というもの。まさにこれは、複線思考化を促す言葉なのです。

たとえば二〇〇六年、セブン&アイ・ホールディングス設立後、初めて新入社員を迎えた年の入社式では、鈴木会長は「現在の日本は消費飽和の厳しい状況にある。消費者の視点を失わず、小売業の基本を大切にして仕事をしてほしい」と挨拶をしています。

新入社員はこれから売り手側の人間になるわけですが、消費者としての感覚を絶対に忘れてはならない。それが大事なのだと鈴木会長は毎回おっしゃいます。

消費者の目とはすなわち、他者の視点です。自己中心的な人と、他者の視点に立てる人。自分を中心にした考え方しかできない人は単線思考だと言えます。**複線思考ができる人は、自分のことだけでなく、ほかの人の立場でものごとを考えられる人です。**

鈴木会長はこれを徹底し、社員には「顧客の立場」でものごとを考えることを求めています。たとえば、セブン-イレブンのオリジナルパン商品「焼きたて直送便」も、「顧客の立場」を徹底した結果生まれた商品でした。

製パンメーカーの商品は当時、限られた拠点の工場で大量生産されていました。全国津々浦々、どの店でも均質な商品を売ろうと考えれば、日持ちのよさの安全性を優先することになります。これは、既存の仕組みの中で「顧客のために」、最大限の努力をしようとするという、売り手の都合の範囲内で考える発想です。

一方、「顧客の立場で」考えると、安全性に加え、味や鮮度も優れた焼きたてのパンをいつでも買えることを望むはずです。ここに、潜在的なニーズが浮かび上がります。

売り手から見た当たり前ではなく、買い手にとっての当たり前を行う。われわれは買い手の都合を起点にして専用工場を各地につくり、すべてをゼロから組み直しました。

（勝見明『鈴木敏文「逆転発想」の言葉95』ＰＨＰビジネス新書）

よく「顧客のために」と言われますが、実はそれでは他者の視点には立てていません。**「顧客のために」と「顧客の立場で」は似ているようですが、まったく違うのです。**「顧客の立場で」考えるということは、「作り手」と「顧客の立場」を同時に生きるわけです。この立場の「複数性」が複線思考になるのです。

自己主張ばかりを繰り返す単線思考は、相手の要望に意識を向けることができないので、人との信頼関係を築くことができません。それどころか、相手を怒らせてしまっているのに、どうして怒っているのか理解できません。自ら余裕のない状況を招き寄せてしまうのです。

これは仕事においても同じです。他者視点に立てなければ、仕事がうまくいくはずがありません。**ほとんどの仕事は、「自己実現」ではなく「他者実現」で成り立っている**からです。

ものを売る立場からすれば、一生懸命作った新商品が売れなかったら、「こんなにいいものがなぜ売れないんだ」「今の世のなかはどうかしている」「マーケットが信じられない」、そんな思いを抱くかもしれません。

でもそれは、売り手の視点からしか現実を見ていません。消費者の立場から見たときに、これは本当に買おうと思える商品なのか。そういう冷静な目が出てきます。

テレビ番組を作る人なら視聴者の立場。シェフなら料理を食べる人の立場です。その立場に立った視点を持つことが大切です。

教師としての私が持つべき他者視点は学生になります。授業は学生が生き生きとして喜んでくれなければ意味がありません。「うちの教室で教えてよ」と隣のクラスから言われるくらいでなければダメなのです。教師という視点を持ちながら、学生の視点にも立つ。私は自分が授業をするときには「一人の学生も寝かせない」と心に決めています。そのくらい学生にとって面白い授業をするのだと、誓っているのです。そしてその記録を更新し続けています。

「自己実現」は危険な罠

本の著者としての私であれば、読み手の立場に立たなければなりません。ところが、もともと大学で研究に没頭していた私が当初書いていた本は、「こんなに知的で、こんなに大事な問題を、こんなにもうまく書けるんだぞ」ということを主張するためのようなものでした。

研究者は、読み手のことを考えずに論文を書くことが多いものですが、私自身の本がそうだったのです。だから最初の頃は本を出してもなかなか読者がつきませんでした。「知的な自分」を示そうにも、誰にも読んでもらえません。当時は二〇〇〇部も売れないような状態でした。

そのうち、自分が表現したいことではなくて、この世に必要とされるものは何かを真剣に考えるようになりました。そんなとき、ふと『平家物語』の「祇園精舎の鐘の声……」など物語の書き出しの一文は知っているけれど、続きを知らない人が多いことに気がつきました。その続きを知ることができ、さらにいろいろな名文が一冊にまとまっている。しかもすごく大きな活字で、すべての漢字にルビが振られている本があると便利だなと思ったのです。そうして生まれたのが『声に出して読みたい日本語』です。

あの本は、完全に買う側の立場に立って、心からみんなに役に立つものを作ろうと工夫をこらしたものでした。ありがたいことに、二〇〇一年の発売以降、版を重ね続け、続編や関連書も含めると二六〇万部の大ベストセラーとなりました。読者の「こんな本が欲しかった」という需要が掘り起こされたから、ここまで売れたのだと思います。

自分の内的欲求を表現したいという思いは、たしかに重要なモチベーションです。しかし、自己実現を考えるだけだと自分本位の視点にしか立てず、単線思考に陥ってしま

これだけ！
整理ノート⑤　自己実現と他者実現

・自己実現	・他者実現
＜自己中心的な人＞	＜他者の視点に立てる人＞
生産者が作りたい商品	顧客が欲しい商品

（鈴木敏文氏の言葉）

「顧客のために」	「顧客の立場で」
自分の内的な欲求を実現したい。	他者の願望を嗅ぎ取って実現させてあげたい。

います。

他者の潜在的な願望や要望を嗅ぎ取って、それを実現させてあげること。これが「他者実現」です。最終的にそれが自分にとっての自己実現でもあったことに気づくのが理想の形なのではないでしょうか。

自己実現は実はものすごく危険な罠です。自分のやりたいことができるようになるポジションにつくと、そのぶん市場の要求とは離れていってしまうことがあるからです。たとえば、ギャグ漫画を描いてきた人気漫画家が、読者のウケを狙って描くことが苦しくなって自分の描きたいものを追求した。すると今度はつまらなくなって読者が離れてしまうというケースもあるのです。

もっとも、市場の要求に応えているだけでは、判で押したように同工異曲の同じようなものばかりになってしまう。なかには「進歩がない」という批判に晒《さら》されるかもしれません。「もっとほかのこともできるのに」と思っても、世間はその人にそれを求めていないという現実もある。ジレンマというか、迷路みたいなものを感じてしまうことがあります。

それでもやはり、仕事においては、市場、つまり受け手を意識するという複線思考は、絶対に必要だと思っています。

ストレスを読み取れば相手の望みがわかる

中島みゆきさんの『タクシードライバー』という曲には、次のフレーズが出てきます。

タクシー・ドライバー　苦労人とみえて
あたしの泣き顔　見て見ぬふり
天気予報が　今夜もはずれた話と　野球の話ばかり
何度も何度も繰り返す

タクシーに乗っているのは、泣き顔の女性客。車内でタクシーの運転手が天気の話や野球の話をしたところでたいして面白くないし、それを繰り返しても意味はありません。この運転手もそれはわかっています。でも一人で泣いているお客さんを放っておくこともできないから、泣いていることに触れずにあえて何気ない話を続ける。ちょっと不器用だけれども、気づかいのできる苦労人ドライバーの姿が浮かんでくる歌です。

この歌に登場する運転手の努力は決して無駄ではありません。無言でいるよりはお客さんの心は和み、車内の空気も穏やかになったはずです。こういうことができる人は好感を持たれると思います。

タクシーの運転手は、とくに他人の隠れたリクエストを汲み取ることができる人が多いかもしれません。そこには、他者の視点に立つという複線思考がつねに働いています。潜在的な要望を汲み取って何らかの行動を起こせる人と、それができない人では明らかに差が出てきます。

もちろんプライベートでの人間関係はサービス業ではありませんので、つねに気を配る必要はありません。しかし、当人も気がついていないような隠れた願望に気がついて、そこを満たしていくことで、相手から「一緒にいると心地良い人だ」と思われるような、特別な存在になっていきます。たとえそれが小さなことでも、相手を思う気づかいは、きっと伝わるはずです。

「そうは言っても、相手が望んでいることなんて読めないよ」

このように思われる方は、ぜひ自分のなかに**「相手のストレス」に反応するアンテナを一本立ててみてください。**

これが他者視点という複線思考を身につけるコツのひとつです。相手のストレスがいま、どの時点でどのくらい膨らんでいるのかを感じ取るのです。そうすれば相手が望んでいることや、状況を打開する解決の糸口が見えてきます。

仕事仲間であれば、シンプルに**「ストレスが溜まる仕事はない？」**とはっきりと訊いてもいい。どこがストレスになっているかを率直に話すことで、ものごとは格段にスムーズに進むはずです。

次に大切なのは、相手のストレスを理解した後に、どうするかということ。いま空気を読むのが得意な人はたくさんいます。でも多くの人が空気を読むだけで終わってしまう。行動に移して現実を変えていく力がないのです。結果、事態は何も変わりません。空気が読めるだけでは、余裕のある状況を生み出すことはできないのです。

会議がうまく進んでいないとき、効率の悪い時間が続き、みんなが何となく居心地の悪い思いをしている。空気の読めるメンバーは、そのことにいち早く気がつきます。だけどその最悪の状況を変えられない。「何かありませんか」と問いかけられても、「まだ思いつきません」などと答えてしまう。

空気を読む能力には長《た》けていても、人任せにして、「相手が何とかしてくれるだろう」「話題を振ってくれるだろう」と考える人は、複線思考ができるとは言えません。

相手の顔色ばかりを窺っていてもダメなのです。空気を読むだけでは足りません。

この不毛な時間を何とかしたい、でもアイデアが出ない。それなら、そのひとつ前段階の提案でもいい。状況を打開するために何か発言をしてみる姿勢が大切です。たとえ生産的な意見でなかったとしても、その発言がきっかけで、居心地の悪い空気が変わり、まわりの意見が出やすくなるかもしれません。それは**「空気を読む」よりもはるかにレベルの高い行動**です。

何もしない人よりも、とりあえず何かしようと努力をする人は、確実に好感を持たれます。相手の立場でストレスを理解することができ、行動に移すことができる。空気を読むだけでなく、「自分が次の一手を指す」という当事者意識を持てる。

求められているのは、ここまでできる人です。ぜひそうなっていただきたいと思います。

エネルギーの流れを見抜き相手のやる気を引き出せる

他者視点を持つためには、相手の「ストレス」がどこにあるかを理解するのがひとつのポイントだったわけですが、もうひとつ、相手が「エネルギー」をかけたところにも注目するようにしてみましょう。エネルギーの流れに目を向けるのは、実は私が教師になってからずっと心がけていることでもあるのです。

相手の立場に立って、その人が努力していることを理解して、きちんと評価する。このことを意識するようになった理由は、私自身が大学院時代に書いた論文で忸怩《じくじ》たる思いをしたからです。

大学院の論文というものは、一、二年もの時間をかけ、膨大なエネルギーを使って完成させます。私も必死になって、ようやく論文を書き上げました。しかし、その論文の審査は枝葉末節のことを訊かれただけで終わってしまったのです。

「一番肝心のエッセンスは見てくれず、なぜどうでもいいことばかり訊いてくるのか」

そのときの不毛感といったらありませんでした。だから私は**人の粗を探すことだけはやめよう、相手が「一番エネルギーをかけたところ」を見るようにしよう。**そう心に誓ったのです。

たとえば、あるとき私は受け持っている教職課程の学生たちに授業案をつくるよう、課題を出しました。その授業案を全員の前で発表させます。英語の授業案をつくったある学生は、自分の授業で取り上げる童話に魔女が出てくるからといって、魔女の持ち物まで用意してきました。授業案そのものは直すべきところがありましたが、とにかく私は、「魔女の持ち物まで用意して家から持ってきたのがえらいよ」と誉めました。英語の歌を歌う学生が家からギターを持ってきたら、「このために家から持ってきたのがえらい」と言います。学生がつくった授業案を細かく指導もしますが、それよりも、「エネルギーをかけた行動自体がすごい」とまず誉めるのです。

たとえそのエネルギーのかけ方が間違っていたとしても、サボったわけではない。だから「ここにエネルギーをかけたんだね、それは理解できた。次はここにかけてね」という言い方をします。発表が失敗しようが成功しようがこれを徹底しています。そうすると、みんなのストレスが減ってきます。発表して批評に晒されるのはストレスがかかるものですが、学生たちは俄然やる気になるのです。

人間関係も同じです。相手の行動をただ漫然と受け止めるのではなく、相手がエネルギーをかけたところはどこかと、注意を払う。それを繰り返すうちに、だんだんそのポイントを見落とさなくなります。そして**エネルギーをかけたところは、しっかり誉める。**これだけで相手との距離がかなり縮まり、人間関係がうまくいくようになります。

日本人は、自分がエネルギーをかけたところを主張するのがどうも苦手です。だから、自ら口にしないのにエネルギーをかけたところを理解してもらえたという手ごたえは、相手にとって大きな励みになるのです。

エネルギーの流れに注目するという方法は、相手に対してだけでなく、仕事のプレゼンテーションなど自分で何かを発表するときにも使えます。自分から言うのは苦手だと思わず、あえて「最もエネルギーをかけたところ」を強調して主張するようにするのです。

私の授業では、よく学生に三〇秒でプレゼンテーションをさせます。このとき、学生には自分が最もエネルギーをかけたアイデアからまず発表するようにと指示しています。三〇秒ですから、そうしないと前置きを聞いているだけで時間切れとなり評価ができなくなってしまいます。最初から一番いいところだけを言う。寿司のネタなら、まず大トロを出してくれ、というわけです。

それを徹底すると、全員のプレゼンがものすごく理解しやすくなりました。本人が一番工夫をしたところから入るので、無駄な前置きもなくなります。すると主張がくっきりと浮き立ってきて、「伝わるプレゼン」になっていったのです。プレゼンに苦手意識を持つ人は、ぜひ**自分がエネルギーをかけたところを強調して発言することに集中してみてください。**

相手が必要な情報を提示して関係を深められる

人を介する情報は、インターネットで調べて得られる情報とは違います。信頼できる人の情報は、ネット情報よりも役に立ちます。

たとえば相手が内科の病院を探していたとします。あなたが以前お世話になったことのある病院を紹介するなら、「先生にもあなたのことを紹介しておくね」と事前に病院に連絡をしておくこともできます。そうすれば相手が病院に行ったとき、その病院の先生には、相手の情報がすでに入っている状態です。これは、たとえばインターネットで「内科医　渋谷　○○」と検索して出てきた情報よりは、相手にとってはるかに有益な情報ということになります。

情報は量ではありません。**質の高い情報を提示することは、人間関係を深めるチャンス**でもあるのです。

「あの人ともっと関係を深めたい」

そんなときは他者視点に立って、相手の「必要なもの」「好きなもの」に関する質の高い情報を提示するようにしてみましょう。

趣味を聞いたときに、「きっとこのあたりのものが好きなのだな」と想像する。そして好きなものに関する精度の高い情報を集めます。このとき相手のツボがどこにあるのかを意識するのがポイントです。ツボが把握できると「これが好きならこっちもありだな」と、周辺を攻めていくこともできます。相手のツボを押さえた情報を提示することで、「自分のことをわかってくれている人だ」と、あなたへの親近感や信頼感が一気に増していくはずです。ここが関係を深めるうえでの肝心なところです。

また、情報にはセンスのいい情報、悪い情報があります。たとえば「ユーチューブでこんなものが面白かったから、ちょっと見てみたら」というような、ごく些細な情報でも、それがセンスのいいものであれば相手に強い印象を残し、「このあいだ教えてもらった動画、見てハマっちゃって」と、その後のあなたとの会話はおおいに盛り上がるでしょう。

他者視点を研ぎ澄ませて、相手にあなたのことを「精度の高い、センスのいい情報を与えてくれる人」と思ってもらえるかどうか。これは人間関係を深めるだけでなく、仕事上の信頼関係を築くうえでも重要なものになります。

相手を満足させるセレクトができる

相手の状況に合わせて、複数の選択肢を提案できる。これも他者視点に立てる複線思考の強みです。相手の「好きなもの」を想像して情報を提示することが人間関係を深めるうえで大切だと書きましたが、もう一歩進んで、今度は相手の状況に合わせた複数の選択肢を提案するのです。最初からピンポイントで相手のツボにはまる提案はなかなかできません。大切なのは具体的な選択肢をまず出して、相手の反応を見ながらさらに次の選択肢を考えられるか、ということです。

そのためには、当初予定していたものとは状況が変わってしまったときに、「それならほかにA、B、C、Dがあるけれど、どれがいい？」と、すぐに選択肢を提案できる引き出しがあるかどうかが問われます。

相手がいま何を望んでいるのかには、いろいろなパターンが考えられるわけです。複数の具体的な選択肢を提示してみるのが最も効率がいい。必要なのはその場その場で生まれる要望に、選択肢を出しながら対応していく柔軟性です。それによって相手の満足度や信頼感が変わってくるのです。

具体的な提案は、ときに相手も自覚していない潜在的な要望を引き出すこともあります。身近な例でいえば、デートの最中に「コンビニに行って、アイスクリームを買おうよ」と相手から提案されると、そんな気がぜんぜんなかったとしても、「おっ、それなら」と乗ることがあります。同様に、あなたの具体的なオファーが、たまたま相手が望んでいたことだったりもするのです。

相手に具体的な選択肢を提示して、それが外れないようになれば、いつしか**相手に対してソムリエ的なセレクト**ができるようになります。そこまでくれば、その人間関係は特別なものになっているはずです。

自分を勘定に入れないから信頼される

宮沢賢治の『雨ニモマケズ』のなかに、「ジブンヲカンジョウニ入レズニ　ヨクミキキシワカリ」という一節があります。

自分を勘定に入れない人とは、自分中心の視点を持つ人とは対極にいて、他者視点を持つ人です。実は仕事において出世をするのはこういうタイプだったりするものです。

自分を勘定に入れない人の判断には狂いが少ない。「岡目八目」という言葉にあるように、当事者よりも第三者のほうが冷静に物事を観察して、正確な判断ができるものです。だから、自分を勘定に入れない人が下したフェアな評価は、誰にとっても信頼できるものになるのです。

フェアな判断を積み重ねるほど、相手からの信頼感は増していきます。気を遣って誉めたり、ゴマをすったりして出した評価ではないとわかっているから、その評価に相手のモチベーションも上がるのです。だから本人が出世を強く望んでいるわけではないのに、まわりから推されて自然とリーダー的なポジションとなっていきます。

フェアで中立の立場に立つのは、自分を度外視して対象について考えられなければ成り立ちません。自分の立場や都合をいったん捨て去ったものごとの判断は、単線思考ではできません。つまり、単線思考を脱して複線思考を身につけるには、自分の損得を抜きにして考える意識を持つことも一つのポイントとなります。

フェアな人として思い浮かぶのは、エースアナウンサーの方。とくにＮＨＫアナウンサーの武田真一さんは全身からフェアなオーラが出ています。画面に登場すると、「この人は信用できる」という安心感があります。

ＮＨＫの報道は、とくに国政選挙の公示後から投票までの間、ひじょうに難しい舵取りが要求されます。徹底して公平でなければなりません。各政党に与えられた時間も決まっているので、時間オーバーしてしまう人がいれば、上手に引き取って、次の人に回していかなければいけません。これを武田アナウンサーが行うと、公平忠実に進んでいる印象を強く受けます。

もちろん事前に綿密な打ち合わせをしているのでしょうが、つねに誠実に話しているからこそ、出てくるオーラだと思います。個性的なタレントさんが勢いよくしゃべって生まれる面白さとは、対照的な話し方です。

お見合いオバさんのように人と人をマッチングできる

いまではあまり見かけなくなってしまいましたが、お見合いを積極的に勧めてくれる「お見合いオバさん」も、**自分のことは置いておいて、人のために奔走できる人**です。「この人には今度あの人を紹介してみようかしら」などと終始、人のことを考えています。**人と人をマッチングさせるのも、他者視点に優れた立派な複線思考です。**

お見合いオバさんは、お見合いの席に同席すると、相手のことを考えながら、それぞれの人の良さが生きるように陰に回ってその場を仕切る。名MCにも匹敵する仕切り力で盛り上げていきます。

さらに注目したいのが、お見合いオバさんのその豊富な経験から来る「めげない力」の強さです。お見合いをした二人がうまくいかず、気まずい雰囲気になってしまったとします。でも彼女たちは「はい、次、次」と明るく引っ張っていってくれるのです。お見合いで相手と合わなかったぐらいで落ち込まない。二〇回、三〇回とお見合いをしてようやく決まった人も見ているから、「二、三回のお見合いで失敗しても気にしなくていい」と言ってしまえるだけの強さと経験があります。結婚に進むかどうか悩んでいたとしても、相手との関係は悪くなったところでたかが知れている。そんなふうに大らかに考え、アドバイスをしてくれる存在は貴重です。そんなどっしりとした態度が、その場に落ち着きをもたらしてくれるのです。

お見合いオバさんの「めげない力」は新しい人間関係を築き、広げていく推進力になっています。彼女たちの存在は、かなり世のため人のためになっていたと思うのです。お見合いオバさんが減ってしまったから、日本は少子化という大変な問題から脱することができないのではないかと思うほどです。

この独自の存在感は若い人にもぜひ参考にしてもらいたいと思います。仕事にも存分に生かすことができるはずです。たとえば新しく立ち上げるプロジェクトチームのリーダーを任されたとき、自分がお見合いオバさんのような存在になれるよう意識してみるのもいいでしょう。大らかさや「めげない力」とあわせて、見習っていきたいものです。

短時間でも強い信頼関係を築ける

たとえ会う時間が短かったとしても、他者視点を持つことで、信頼関係を育むことができます。

そもそも、深い人間関係とは何でしょうか。会えばいつも夜を徹して語り明かすような関係、これも一理あるでしょう。しかし、会った時間の長さに比例して信頼が築かれるものでもありません。むしろビジネスで付き合う人であれば、「私生活の負担にならない」ことが求められます。これからは、**短時間でも段取りよく会うことができ、密度の濃い充実した話し合いができる人が、長く関係が続く相手になるのです。**

誰かと会うときに、一時間半しか空いていなかったら、「一時間半しかないけれど食事だけしよう」という提案ができるかどうか。会うのは楽しくても、その度に五時間も六時間も時間を取られてしまうようでは、なかなかまとまった時間を取れない忙しい人は、気軽には会いづらいと感じてしまうでしょう。

他者視点に立てば、そんな相手の状況もよく理解できます。相手の予定を把握して自分のスケジュールと擦り合わせ、一時間半限定でも会える予定を組む。さっと会って、時間が来たら「じゃあ、これで」と別れれば翌日にも影響しない。そんな付き合い方であれば、もっと頻繁に会えるようになります。

相手の細切れの時間にも、隙間産業的に入ることができる。そういう人は、相手にとってスペシャルな人間になってくると思います。会うことへの敷居が低くなり、ゆっくり食事をする時間はないけれど、気晴らしにコーヒーだけ飲みに行くことができる。現代では会うということに対してこうした小回りが利く「機動力」が求められるのではないでしょうか。

人間関係に恵まれている人や、仕事ができる人には、コンパクトに会える機動力の高さがあるように思います。

私も打ち合わせの回数をなるべく少なくするようにしています。顔を合わせて情報交換をして、次の方向性を意思決定しなければいけないことは、もちろんあります。そんなときでも四五分ほどあれば、たいていの打ち合わせは終わるものです。情報交換を終えて、次の打つべき手を決めて、話をして別れる。立ち話に近い感覚なのです。

ここで私が好きな幕末のエピソードを紹介させてください。江戸無血開城を決めた勝海舟と西郷隆盛の会談です。幕府から全権を委ねられていた勝海舟と、新政府軍として薩摩を指揮していた西郷隆盛。この二人の話し合いにより、江戸無血開城は実現しました。幕府が戦わないで将軍が出て行き、降伏するのが無血開城。普通なら納得ができないはずです。

しかし、勝は江戸の一〇〇万人の命を救うために江戸城を明け渡すと重要な決定をした。そして勝の立場を理解している西郷は、自分の責任で収めると言った。勝海舟と西郷隆盛は互いを尊重して人として向き合った。そこで二人が意思決定をしてお互いに裏切らなかったおかげで、江戸が火の海になることを防ぐことができたのです。

「1」でもご紹介した勝海舟の談話をまとめた『氷川清話』は、私の中学時代の愛読書でもあったのですが、江戸城の明け渡しについて書き記したなかに「立談《たちばなし》」という言葉が登場します。

西郷に及ぶことの出来ないのは、その大胆識と大誠意とにあるのだ。おれの一言を信じて、たつた一人で、江戸城に乗込む。おれだつて事に処して、多少の権謀を用ゐないこともないが、たゞこの西郷の至誠は、おれをして相欺《あいあざむ》くに忍びざらしめた。この時に際して、小籌浅略《しょうちゅうせんりゃく》を事とするのはかへつてこの人のために、腹を見すかされるばかりだと思つて、おれも至誠をもつてこれに応じたから、江戸城受渡しも、あの通り立談《たちばなし》の間に済んだのサ。

（前掲書）

お互いに対する深い信頼関係のもと、これほど重要な会談も立ち話のように進んだというのです。なんと格好いい関係なんだと、中学生だった私は感動したものです。

このように大きな仕事は、信頼関係のうえに成立していることが多々あります。為替ディーラーの世界でもそうです。藤巻健史さんの著書に書かれていましたが、一日に何百億円ものお金を動かすにもかかわらず、為替ディーラーたちは言葉ひとつで売り買いをします。ずるい人なら立場が悪くなると「そんなこと言ってない」と言い逃れることもできてしまいます。でもそれを一度でもすると、為替の世界には住めなくなる。その信頼関係で成り立っているのです。

もう一つ、ダン（Done）という言葉。トレーダーにとっては非常に神聖な言葉です。為替は契約書を交わすことによって成立するわけではありません。ダンという言葉によって、契約が成立するのです。トレーダー同士が信頼しあわないと取引は出来ないのです。紳士協定の世界です。ですから一度、ダンということを言いながら契約をやめたなどと言ったら、二度とこの業界にはいられなくなってしまいます。(中略)まさにトレーダー同士の信頼関係によって成り立っていたのです。

(藤巻健史『改訂新版 藤巻健史の実践・金融マーケット集中講義』 光文社新書)

ディーラーのひと言で世界が動く。その責任をつねに取る。猛スピードで巨額のお金が動く為替というビジネスの世界で、それが守られているというのが面白い。

もしかすると外交もそうかもしれません。国のトップ同士が固い信頼関係を築き、「これでいきましょう」と決めて、一気に現実を動かしていく。これを成功させるには、双方が相手の立場を理解して向き合うこと、そして意思決定力が重要になります。

言葉に責任を持ち、相手を尊重しあう。そして意思決定する強い力があれば、会う時間は短くても物事は進む。なんとなく会ってずるずると時間を過ごすような関係でなく、ビジネスではこういった関係こそ、深い信頼を築くことができるものなのです。

酒席に誘われたら断るな

いま、年の離れた人間同士は、関係を築きにくくなっているようです。

その理由のひとつが、土台が共有されていないことです。最近は異なる世代間で話題を共有することが難しくなっていると感じます。

「知っていて当たり前」とされてきた常識は、もはや通じなくなってきています。自分が会話のベースとしている話を相手が知らないのです。たとえばユーモアやギャグは、たいていは元になる言葉の「もじり」でできています。「もはや○○ではない」とジョークで使ったとしても、元になっている「もはや戦後ではない」を知らなければ、面白くもなんともありません。私も学生と話すときに当然知っているだろうと思って出したたとえ話が伝わらず、「いや、こういう話なんだけど」とわざわざ説明をした経験が何度かあります。

宮藤官九郎さんのドラマが面白いのも、さまざまなパロディが出てきて、それがわかることが楽しさにつながっている。笑いは、知識がないと面白くない部分もあるのです。たとえば古典的な小説を一〇〇冊知っている、有名な映画を一〇〇本観ている。そういう土台がある人同士なら、安心して同じレベルで話ができます。会話のユーモアはベースが共有されていることが、重要なポイントになっているのです。

いまは、あらゆる情報が手に入りやすくなっています。私は著作権の切れた小説などが集められたサイト「青空文庫」などをたまに利用するのですが、その場で古い名著が手に入るので、つくづく便利な世のなかになったと思います。しかし情報はまわりにあふれていても、世代を超えて共有される基本的な教養がなくなっています。

年の離れた人同士が関係を築きにくくなっているもうひとつの原因は、ＳＮＳです。同じような趣味を持ち同じような考え方の人のなかだけで情報が共有される。自分の気に入る狭い範囲での交流に慣れて、年齢の離れた慣れない相手と一緒に過ごすこと自体にストレスを感じるようになってしまっているように思われます。

若い人が年の離れた相手に苦手意識を感じるようになってしまうと、会社で上司に誘われても飲みに行かない。ベースを共有していないから一緒にいてもどことなく居心地が悪く、自然と避けてしまう。そんな悪循環に陥っています。こうした状況は、ますます人を単線思考化させているのではないかと思います。いま、二〇歳以上も年上の人間とストレスなく長時間対話できる人は、少ないのではないでしょうか。

会社に勤めていれば、上司や年上の仕事相手に飲みに誘われる機会が多いでしょう。私はある年齢までは、**「誘われたら断らない」をひとつのスタンスとして決めてしまってもいい**と思います。断れば相手も「次に誘うのは悪いな」と思って、そこで縁が切れてしまいます。

年長者の懐に飛び込める人は就活で内定がどんどん出る

フジテレビの加藤綾子さんは、一年目からどんな大物が相手でも動じることなく対応できていたアナウンサーです。「カトパン」と呼ばれてとても人気がありますが、有吉弘行さんに「三割引きの女」という強烈なあだ名をつけられても、ちゃんと対応できるのです。その気にしすぎない性格もまわりをリラックスさせます。激しくアンテナを張り巡らせている人は、かえって気を遣わせてしまうものです。

若い人は自分から相手の懐に入っていくことに苦手意識を持ちがちですが、加藤さんはすっと入っていきます。相手の懐に入ってしまえる若い人はなかなかいないものです。だから大変重宝されるのです。実際に彼女は就職活動でも多くの民放テレビ局から内定をもらっていたそうです。

遠慮がちな人は、とても損をしていると思います。遠慮のなさを出すことによってうまくいくケースは多々あるはずです。

たとえば、よその家に招かれてお菓子を出されたとしましょう。それを遠慮して食べなければ、相手もせっかく出したのに、その甲斐がありません。出されたお菓子を遠慮なくいただいて、「美味しいですね、いくらでも食べられますね。もうちょっとありますか?」と、そのくらい言えたら、世話好きな人はもうツボにはまって、すっかり盛り上がり、あなたを好きになってしまうでしょう。

その場の空気感に応じて、柔軟に対応できる。その根底には、相手の好意は無駄にできないという他者視点がしっかりと働いているのだと思います。

出されたお菓子を、「食べ過ぎて図々しい人間だと思われたくない」と思って遠慮するような人は、自己防衛本能が働きすぎなのではないでしょうか。なんだか人間が小さい感じがしてしまいます。私は末っ子で遠慮がないものですから、こういうとき率先して食べるタイプです。だから、おばちゃんとは昔から相性がいいのです。

相手に遠慮しすぎるとよくないし、かといって遠慮をまったくせず失礼な態度をとるのもよくない。その絶妙な距離感。**相手の懐に深く入るときには入って、引くときには引くという「出入りを自由にできる力」が重要です。**場合によっては、たとえお腹がいっぱいでも、お菓子を出されたら、ちょっと無理をしても「美味しいですね！」と対応する気概が大切だと思います。

たとえ年上の相手でも遠慮なくその懐に飛び込める人は、「甘え」上手が評価される日本社会では得をすることが多い。ならば、そういう意識で年長者と付き合ってみてはどうでしょうか。

年上の人間ときちんとした対話ができると、一緒にお酒を飲んでも意気投合するのが早い。受け答えの勢いもよくて、わからないことがあっても「いやあ、勉強になります」と言うことができる。どこへ行っても気に入られ、可愛がられます。私の受け持つ学生も、こういったタイプは就活で内定がどんどん出ます。

幅広い年代に知り合いがいて、人間関係が苦にならない。そういう人はこれからの世の中、どんな場面でもタフに、余裕を持って乗り切れると思います。

自分の好きなものの範囲のなかだけで生きるのではなく、幅広い文化に触れてベースとなる教養を身につける。そして年上の懐に思いきって入ろうとする柔軟性を持つ。

そうすれば、相手への苦手意識がなくなり、人間関係はもっと楽になるはずです。自分とは体験の量がちがう人と交流することは、仕事をするうえでも、**相手の隠れたリク**

エストを汲み取る力につながるでしょう。それによって他者視点を磨くことができます。

名著を読めば他者視点が身につく

他者視点でものごとを捉え、複線思考を鍛える訓練になるのが、読書です。私がとくに他者視点を学ぶのに役立つと感じる小説をご紹介します。

芥川龍之介の短編小説『藪の中』です。ある夫婦が藪の中で多襄丸《たじょうまる》という盗賊に襲われ、縛られた亭主の前で妻は強姦され、その場で亭主は死にます。小説は、死体の第一発見者や事件の前に夫婦を見かけた旅法師、妻の母親などがそれぞれの視点で証言をするという筋書きです。この小説で注目したいのは、事件の当事者である盗賊の多襄丸、妻、死霊となった亭主の証言がまったく異なっている点です。

まず、多襄丸は次のように白状します。

「男の命は取らずとも、——そうです。わたしはその上にも、男を殺すつもりはなかったのです。ところが泣き伏した女を後《あと》に、藪の外へ逃げようとすると、女は突然わたしの腕へ、気違いのように縋《すが》りつきました。しかも切れ切れに叫ぶのを聞けば、あなたが死ぬか夫が死ぬか、どちらか一人死んでくれ、二人の男に恥を見せるのは、死ぬよりもつらいというのです。いや、その内どちらにしろ、生き残った男につれ添いたい、——そうも喘《あえ》ぎ喘ぎいうのです。わたしはその時猛然と、男を殺したい気になりました」

次に妻は、夫にこう語りかけた、と懺悔します。

「あなた。もうこうなった上はあなたと御一しょにはおられません。わたしは一思いに死ぬ覚悟です。しかし、——しかしあなたもお死になすって下さい。あなたはわたしの恥を御覧になりました。わたしはこのままあなた一人、お残し申す訳には参りません。」

妻は、夫が自ら「殺せ」と言ったから落ちていた小刀で夫を刺したと話しています。

最後に死霊となった亭主が語ります。

「しかし妻は夢のように、盗人に手をとられながら、藪《やぶ》の外へ行《ゆ》こうとすると、忽《たちま》ち顔色を失ったなり、杉《すぎ》の根のおれを指さした。『あの人を殺して下さい。わたしはあの人が生きていては、あなたと一しょにはいられません。』——妻は気が狂ったように、何度もこう叫び立てた。『あの人を殺して下さい。』——この言葉は嵐《あらし》のように、今でも遠い闇の底へ、まっ逆様《さかさま》におれを吹き落そうとする」
（芥川竜之介『地獄変・邪宗門・好色・藪の中 他七篇』岩波文庫）

いったい誰の証言が真実なのか。『藪の中』は、入れ替わっていく話者を通して、ひとつの事件をいろいろな視点から見ることができる小説なのです。

見る人によって現実の姿は異なる。現実はひとつではなく多層的である。これをアルフレッド・シュッツという社会学者が「マルティプル・リアリティ（多様な現実）」という概念で説明しています。複数の視点から描かれる『藪の中』は、マルティプル・リアリティが学べる小説なのです。

元来、読むこと自体が脳を鍛えることのできる行為です。本には著者の考えが書いてあるわけですが、本を読み進めると同時に、本に触発された自分の考えが浮かんできます。本を読んでいる間は、著者の思考と自分の思考が並行している、複線の状態になっています。

さらには、書いてある言葉を、頭のなかでビジュアル化することもあります。活字は抽象度が高いので、読んでいると自分で映像を思い浮かべることができる。活字そのものが人間に複線思考を強制しているともいえるでしょう。

夏目漱石だったり、プラトンだったり、時代も国境も飛び越えた、とてつもない天才たちの考え方を知ることができるのが読書なのです。

読んでいくと一時的にその考えに引きずられることもあるかもしれませんが、「やっぱりそれは違うな」という自分なりの考えが生まれてくることもあるでしょう。「やっぱり、わからない」でもかまいません。自分のなかには本から読み取った考えと、それに対する感想、二つの意見が生まれるのです。それは自分の幅を広げてくれ、豊かにしてくれる思考です。

読むという行為は複線思考を鍛えるのに、一番効果的な方法なのです。

セルフチェックシート②　他者視点を持つには

- □「顧客のため」と「顧客の立場」は違うと考える。
- □ 相手のストレスに反応する。
- □ 空気を読むだけでなく、その場を変える。
- □ 相手が一番エネルギーをかけたところを見る。
- □ 自分が一番エネルギーをかけたところを主張する。
- □ 相手の好きなものに関する質の高い情報を提示する。
- □ 相手の状況に合わせて複数の選択肢を提案する。
- □ 自分の損得を抜きにして考える。
- □ 自分のことを置いて、人のために、めげずに奔走する。
- □ 短時間でも密度の濃い話をする。
- □ どんな人物が相手でも懐に入る。
- □ 絶妙な距離感を保って遠慮をしない。
- □ 多視点で書かれた小説を読む。

今すぐできること

●職場のチーム内で辛そうな人を見たら「ストレスが溜まる仕事はない？」と訊いてみる。

●相手がエネルギーをかけたところを見抜き、その部分をしっかりと誉め、感謝の気持ちを伝える。

●プレゼンでは、最もエネルギーをかけたところを最初に話す。

●人を介した情報に価値を置く。情報を得るときも単にインターネットで調べることで終わらせず人に訊いてみる。

●人に情報を提供するときには、相手のツボを意識して、相手の「好きなもの」を見極める。

●相手への提案は、複数の選択肢を用意する。代案を用意しておいて、反応を見ながら次の選択肢を提示できるようにしておく。

●短時間会うだけでも信頼関係が生まれるような、人との付き合い方をする。

●飲みに誘われたら断らない。世代の異なる年上の相手とも飲みに行ってみる。

●小説を主人公とは別の登場人物の視点から読んでみる。

3

複線思考術2

「主観」と「客観」を切り替える複線思考

「自己客観視」ができれば怒りを止められる

感情にも複線思考と単線思考があります。

たとえば、怒りの感情に呑み込まれてしまった人がいるとします。感情をコントロールできずにキレてしまう。暴力をふるってしまう。こういった人は感情にまみれ、単線思考に陥っている状態です。この感情の激流から身をはがして、少し離れた岸に立ち自分を見つめる必要があります。

悲しみや怒りを感じている自分を、もう一人の自分が見つめて、少しずつ見つめているほうの自分へと意識の比重を移すようにする。そうすることで、単線から複線に気持ちが切り替わっていきます。

「我に返る」という言葉がありますが、感情に呑み込まれてしまったとき、「ふーっ」と長くゆるく息を吐いて深呼吸で息を入れ替える。そうすることによって、もうひとつの意識に立ち返ることができます。これは東洋の「悟り」の状態に近いかもしれません。

外側から自分を見つめる意識を「メタ意識」といいます。メタは「超えている」とい

これだけ！整理ノート⑥

自己客観視による感情の整理

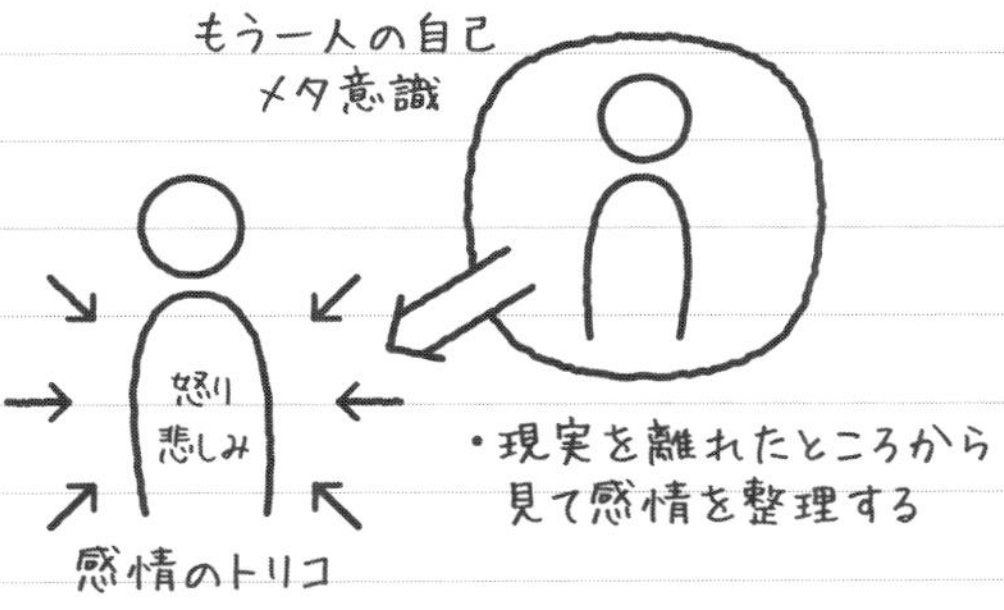

う意味です。メタ意識を持って、いま起こっていることから感情を引き離すのです。

「自分がいまどういう状態なのか」を見つめるもう一人の自分を持つようにすることが大切です。

そうすると、次第に**見つめている自分のほうが本当の自分**だという感じがして、冷静になることができます。これが自己客観視を行うということになります。現実を少し離れたところから客観的に把握することで、人間の感情は整理されていくのです。そうすれば感情に呑み込まれることなく、気持ちをコントロールできるようになっていきます。

一方で、年中無休で感情に呑み込まれないでいる、というのも実は面白くないわけです。

人と人が関係を築くうえでは、感情的になることが重要な場合もあります。いつも冷静な人とは、なかなか恋愛にも発展しにくいものです。仕事上でも、あることについて議論をするとき、我を失うような状態でつい熱くなって議論するのも楽しい経験でしょう。

楽しかったこと、腹が立ったことを思わず感情のまま口にしたとき、「私も同じ！」と共感されると、一気に相手との距離が縮まり、盛り上がりますよね。場が盛り上がってチームがまとまるには、感情的になることも大切なのです。

その場のノリを大切にしたほうがいい場合もあります。たとえばチームでコンペを戦った場合、「戦略は関係なく、好きなようにやってみよう」と全員が楽しみながら挑んだところ、いい結果が出たというケースもあるでしょう。

大切なのは、感情が優位になっている状態でも「岸」に上がろうと思えば、すぐに上がれる自分であること。議論が白熱したとしても「今は感情的になったけれど、じゃあ問題点を整理してみようか」と、あっさりと切り替えられることが複線思考の強みなのです。

複線思考化させた感情の発展形が芸術だと私は思います。

以前、歌舞伎俳優の坂東玉三郎さんと対談した際に、舞台上で取り乱した場面があっても、美しくなくてはいけない、という話になりました。

玉三郎さんは、「醜く取り乱しても、自分を冷静に見て、ちゃんとコントロールしています。なぜならその場面を見たお客さんにすっきりして帰っていただきたいからです。怪談で醜く取り乱す場面も、お客様がそれを見て『なんと心地よい』と思ってくださるところまで持っていかなければ、演劇的に成り立たない」とおっしゃっていました。取り乱した場面も、舞台上で演じられるものを見ることで、人は気持ちが浄化されるのだそうです。

不幸を題材にした舞台や文学、歌などの芸術表現は、不幸をもうひとつの意識で捉え直すことから生まれます。悲しみの感情を表現するのだけれど、それを昇華させて新たな美しさを提案するのです。

悲しみを感じている自分を外から眺めて、表現にまで昇華させる。これが感情を複線思考化した究極なのだと思います。

観客席から見える自分を見る

「とにかくいろいろな角度から、ほかの先生方がどんなことをやっているか見てくるように」

これは私が大学で教育実習に学生を送り出すときに、いつも言っている言葉です。学生としてではなく、同じ先生の立場として見ることが大事なのだと話しています。教育実習生が見るべきポイントは、「なぜあの場面で生徒に答えさせたのか」「こんなに面白い授業をどうやって作り上げたのか」。こうした疑問は、先生の立場で見ることではじめて生まれます。するとその先生のすごさがわかるのです。これは、本人が生徒として授業を受けていた頃には見えなかった視点であり、教師を目指す自分の姿を客観的に見るためにとても役立ちます。

そしてもうひとつ、**より直接的に自分を客観視するためにアドバイスしていることが、自分が授業をしている姿をビデオに撮ることです。**これは自分を客観的に見る力をつけるためです。「『えっと』ばかり言っているな」「視線が下に落ちてしまっているな」などといったクセに気がつくことができます。

テレビで活躍している人も、自分の出演番組を録画して見直す人が多いようです。「まとまりのない話をしているな」「話すとき、顔の向きがちょっと傾くな」といった反省を次に生かすのです。

これを繰り返して、自分を客観的に見る力をつけていき、修正を加えていく。自分を離れて複線的にものごとを捉えるということは、自分を見直すことになり、自分に足りないものに気づくきっかけにもなります。

実はこれは室町時代に能を大成した、世阿弥による**「離見の見」**に通じる考え方です。「離見の見」とは、**離れたところから自分を見る意識**のことです。

世阿弥の書いた『花鏡』には、「見所《けんしょ》より見る所の風姿《ふうし》は、わが離見《りけん》なり。しかれば、わが眼《まなこ》の見る所は我見《がけん》なり。離見《りけん》の見《けん》にはあらず。離見《りけん》の見《けん》にて見る所は、すなはち見所同心《けんしょどうしん》の見《けん》なり」と書かれているくだりがあります。

これを現代語に訳すと、次のようになります。

「観客席から見た姿形というのは、私にとっては離れたところから自分を見ている見方、すなわち離見である。そうして見ると自分が普通に見えているものは我見であり、離見の見ではない。離見の見という見方の技を身につけて見るというのは、観客席から見られた自分を同時に見るという見方である」

優れた能役者は観客席のほうから自分を見る意識を持ち合わせているものだと説いた世阿弥は、ひじょうに優れた複線思考の持ち主でもあったのです。

先にご紹介したセブン&アイ・ホールディングスの鈴木会長も、自己客観視の重要性を指摘しています。

自らを客観視するとは、「もう一人の自分」から自分を見ることです。もう一人の自分から見ると、自分も仕事を一歩離れれば顧客の立場になり、わがままで矛盾した心理を持っていることに気づく。感覚を鈍らせていたフィルターが外れ、自分自身、買い手としてニーズが変化していることがわかる。もう一人の自分から見るのは、言葉でいうほど簡単ではありません。でも、これを心がければ、常に新しい発想で仕事ができるはずです。

（前掲書）

普段から、もう一人の自分から見るように意識することで、自己客観視の習慣ができる。**作り手としての自分と、顧客としての自分をつくれば、顧客の立場で考えることが**

できます。

どうしても人は自分中心の視点になりがちなので、自己客観視の練習をする必要がある。この考えは、世阿弥の唱えた「離見の見」の時代から鈴木さんの経営の視点まで変わっていないのです。

野球界にもこの「離見の見」を持ち込んだ人がいます。長嶋茂雄さんです。

長嶋さんは、自分のプレーが観客にどう見えるかを優先的に考えた人でした。どうしたら観客が喜ぶようなプレーができるのか。そのためにはどんな捕り方がいいのか、どんな投げ方ができるのか。

長嶋さんは「ホームランより三塁打のほうが面白い」と考える人なのです。三塁打を打つとグラウンドにいる人間全体が動く。それがダイナミックで面白いというわけです。一塁へ走って二塁にまわって最後三塁で「どうだ！」と勝負する。それに比べるとホームランは、打って入ったら終わり。だからプレーとしては**ホームランよりも三塁打のほうが面白い**ということになります。

試合に勝つことを考えれば、確実に四つ塁を進めるホームランのほうがいいに決まっています。でも、長嶋さんはそうは捉えない。三振したときもそうです。空振りしたときに、絵になるようにちょっと大きめのヘルメットを被って、ヘルメットが吹っ飛ぶようにしていたそうなのです。長嶋さんは自分の行動の意味を外側から捉え、その結果、ファンから最も愛される野球選手になったのです。実に自己客観視に優れたプロの複線思考だと思いませんか。

「メンタルモンスター」錦織圭選手の切り替え力

テニスの錦織圭選手は「メンタルモンスター」と呼ばれていることをご存じでしょうか。

錦織選手は二〇一三年のシーズンを世界ランキング一七位で終えましたが、二〇一四年はトップ5まで順位を上げ、大きく飛躍しました。私は二〇一四年シーズンの錦織選手のほとんどの試合を見ていたのですが、最も注目したのは、錦織選手がはっきりと**「獲るべきポイント」と「捨ててもいいポイント」を区別していた**ことです。

第一セットと第二セットでは、別人のように調子が悪く見えて、「どうしたのだろう、これじゃ絶対に勝てない」と心配していると、第三セットはあっさり獲り返す。結果的にファイナルセットを獲って試合に勝ってしまうのです。肝心なポイントだけは落とさないようにして、あとは思い切って捨ててしまっていい。そう割り切って試合に臨んでいるように見えました。

実際に、錦織選手の二〇一四年シーズンにおけるファイナルセット奪取率は九割近くになるそうです。九割近いというのは普通の選手にはあり得ない、異常な確率です。これが「メンタルモンスター」と呼ばれる所以《ゆえん》です。

テニスは、セットを多く獲ったほうが勝ちなので、トータルポイント数が少なくても勝つ場合もあります。

これが単線思考な人であれば、すべてのポイントを同じような価値と捉えてしまう。するとと第一セットの最初のサービスゲームを落としたら、落ち込んで全体の調子まで狂ってしまう。でもそれは大局で見れば小さなことです。錦織選手は気にしない。二〇〇キロを超えるサーブを打ち込むような対戦相手の場合、サービスエースは獲られても仕方がないと考えられる。それで、相手のファーストサーブが入らなかったり、接戦になってきたりしたときに、急にギアを上げるのです。相手も大いに戸惑ったことでしょう。

錦織選手はインタビューで「コーチのマイケルに『トップ選手は、なかなか浅いボールを打ってくれない。その数少ない浅いボールをしっかり打ち込んでいけないとダメだ』と言われていたので、それを見極める目ができてきた。浅いボールをチャンスボールに変えることができてきているんだと思います」(『ナンバー』八六九号　二〇一五年一月　文藝春秋)と語っています。彼のプレースタイルが変わった背景にはマイケル・チャン・コーチの助言があったのです。

風が吹かないときは無理をしない。あっさり諦め、切り替える。そこで気持ちを落としてしまうと、調子が上がらないことに気づいたのでしょう。自分が追い込まれるような試合の展開でも、自分の状況を客観視して、全体には影響しないのだと感情をコントロールする。複線思考の「切り替え」がひじょうにうまくいっていると思います。

手も足も出ないような相手のサーブは捨てて、自分のサービスゲームのほうに集中する。チャンスがめぐってきたら、一気に相手のゲームを奪いに行く。**同じくらいのレベルで技術を持った人でも、気持ちをどう切り替えるかで、結果に大きな差が出るのです。**さらに今後の見通しについても、「上の選手が少なくなって、別のプレッシャーも芽生えはじめると思います。そういうものとも戦いながら、自分で調整できれば、どうにかなると思います。あまりディフェンドを意識しすぎず、だからといってずっと挑戦者の気持ちでいられるわけではないので、そこをうまくコントロールしてやりたいですね」(前掲誌)と語っています。

イチロー選手はコントロール外のことを気にしない

メジャー・リーグのイチロー選手は、高打率だったにもかかわらず、首位打者になれないことがありました。二〇〇九年当時、打率トップのツインズのジョー・マウアー選手は、五二三打数一九一安打。打率は三割六分五厘でした。続くイチロー選手は、六三九打数二二五安打で打率は三割五分二厘でした。イチロー選手とマウアー選手との首位打者対決が注目され、大変な盛り上がりでした。

しかし、その首位打者争いの渦中にあったイチロー選手がマウアー選手の打率を気にしていたかというと、そこはまったく気にならなかったようです。理由は**「マウアー選手の打率は自分がコントロール外のことだから」**です。これはその通りで、そこに余計な注意を払う必要はない。自分のプレーだけに集中すればいいのです。

自分でコントロール不能なことは気にしても仕方がない。イチロー選手のこの姿勢は一貫しています。二〇〇一年のインタビューにおいても、「見ている人がたのしむのは勝手ですが、相手が絡むことに関してコントロールすることは不可能だと思います。自分ひとりで管理できないことを意識することはできません」「他人が絡んでいることには興味はありません。いまの自分の力をどれだけ出せるかですから」と語っています（『夢をつかむ イチロー262のメッセージ』 ぴあ）。

これは、単純な原理だけれど、プレッシャーから自分を守るには大切な考え方です。

仕事でも、自分に関わりを持つものは、すべて自分がコントロールできるかのように思いがちですが、ほとんどのことはコントロール不能です。意思決定権は上司にあり、上司の結論が出たらもうそれは変えようがありません。そこに悩んで、無駄なエネルギーを使うのは得策ではありません。

気にしても仕方のないことは気にしない。決めるべきところに集中力を発揮すればいい。自分の関わるすべてのことに気を張って、責任を感じたり落ち込んだりする必要はないのです。

とくにクリエイティブな業界では、仕事で本領を発揮できる人は、柔軟な適当さがどこかにある場合が多いように思います。ストレスをためるのは、最も効率の悪いことです。

コントロールできないことは気にしないと考えるのは、思考のエネルギーを節約することでもあると言えます。そして**「ここぞ」というときにエネルギーを一気に注ぎ込**

む。その判断は、その状況に置かれた自己を客観視することで見えてくるはずです。ストレスによってメンタルを弱めることなく、エネルギーを逃さない。自己客観視する力は、自分のパフォーマンスを高効率化させる、一種の「エコロジカル」な思考でもあるのです。

スポーツ選手のようにコンディションを意識する

私はスポーツの上達理論について、二〇代の頃から研究をしてきました。そのなかでスポーツ選手が参考にする理論は勉強や仕事にも応用が利くことに気がつきました。それ以降、私はすべての仕事をスポーツのように考えています。

なかでも重要なのはコンディションを把握すること。プロのスポーツ選手も、日によってコンディションは大きく変わるものです。そのコンディションは如実にプレーに現れます。だから**コンディションに合わせてプレーを変えている**のです。たとえば野球のピッチャーであれば「今日はストレートが走らないからカーブにしよう」などと球種を考えます。キャッチャーとも相談しながら、試合で勝つためにその日の調子のいい球種を引き出し、勝負をしているのです。

同じ実力の選手であれば、コンディションのいいほうが勝つ。もしくは自分のコンディションを把握して状況に合わせたベストなプレーができるほうが勝つ。コンディションは結果を出す重要な鍵を握っています。

身体感覚を研ぎ澄ませてプレーをするスポーツ選手にとっては、コンディションの調整は当たり前の作業です。一方、仕事は日常生活のなかにあるため、コンディショニングはあまり重視されません。しかしフィジカル面、メンタル面、両方のコンディションが、仕事のクオリティにも影響するのです。調子が悪いまま普段と同じように仕事をしていると、効率も悪いし、思わぬミスをしてしまうこともあります。

仕事を効率よく進めていくためにも、ぜひ**「コンディション」という観点から、自分の状況を客観視**してみてください。

「目が疲れている」「頭が痛い」といった身体的な変化がない場合、自分のコンディションはなかなか把握しづらいかもしれません。そんなときには、「仕事の進むスピード」が判断の指針になります。いつもよりスピードが遅いと感じるなら、どこか調子が悪いということです。これがコンディションを客観的に見極めるポイントとなります。

そして、コンディションに合わせてクオリティの高い仕事をするにはどうするか。

まず、「今日はコンディションが悪い」とわかれば、「いまの自分はギアが落ちている」という自覚を持ちましょう。認識することで気持ちの負担を少し減らすことができます。

次に、仕事をコンディションに合わせて変えていきます。たとえば自分の仕事に「事務的な仕事」と「クリエイティブな仕事」があるなら、コンディションの良くないときは頭を使わない事務的な仕事に没頭するようにします。単調な仕事をしているうちにだんだん調子が上がってきて、クリエイティブな仕事に移行できるかもしれません。

仕事を「好き」と「苦手」に分けてもいいでしょう。好きな勉強や好きな仕事は調子が悪いときでもはかどるものです。仕事の質とコンディションを擦り合わせるようなイメージです。コンディションを意識して一日の過ごし方を変えていくと、仕事の生産性も自然と高まります。

そしてもうひとつ。先に「自分がコントロール外のことは気にしない」という考え方をご紹介しましたが、同じようにコンディションが悪い日は、きっぱりと諦めてしまうという「切り替え」も大切です。前日の仕事が終わらず寝不足だった日は、頭がぼーっとしていくらやっても仕事が進みません。そんなときには「今日は何をしても進まない な」、そう思って諦めて、ほかにできることを探すのです。

コンディションは一定ではありません。たとえ忙しくとも、今日の調子はどうかと**自分のコンディションを客観視して、柔軟に仕事の質を変えていくことが大切**です。それができれば、仕事が滞ることへのストレスも軽減されるはずです。

コンディション調整は体からアプローチする

日によって変化するコンディションに合わせて仕事を調整することも重要ですが、良いコンディションを保つためにはどうしたらいいのでしょうか。

ひとつの方法は呼吸法の改善です。たとえば前日の嫌な出来事が気になって、うんざりした気持ちになっているとき。ゆっくりと息を吸ってフーッと長く吐く呼吸を何回か繰り返していれば、次第に「まあ、いいか」と気分が落ち着いてきます。

私はこの呼吸法を研究していった結果、コンディションを整えるには体からアプローチすることが有効だということがわかってきました。

私の場合は、朝のテレビ番組の出演があるときには、早朝四時くらいから仕事の準備がはじまります。そこから夜九時頃まで、ほかの仕事の打ち合わせをしたり、大学で授業をしたり、講演会があったりと、働き通し。余裕などまったくないような一日になります。もし切り替えないままずっと仕事を続けていくと、どこかでパニックになり、焼き切れてしまいそうになることもあります。そういうときは**強制的にでも一回頭と体を休ませて、コンディションを維持する**ようにしています。

心がけているのは、仕事の間でスイッチを切るようにリセットすること。私のお気に入りのリセット法は、「疲れきったときはサウナに入る」です。どんなに疲れていても、気分がすっきりと切り替わります。日中の仕事の合間に思い切ってマッサージを入れることもあります。少しお金はかかってしまいますが、次の仕事の質をお金で買っているのだと割り切っています。

家で仕事をしている日は、場所を変えるというのもひとつの手です。私は子どもの頃、夏休みの宿題をいつも最後までやらずに八月三〇日、三一日にまとめてやるタイプでした。追い込まれないとやる気が出ないのですが、社会人になれば一日や二日では終わらない仕事もあります。日々スイッチを入れて仕事をしなければなりません。

ずっと家にいるとだんだん気が重くなることがありますし、なかなか気が乗らないこともあります。だから翻訳の仕事などで作業に飽きてしまう日は、喫茶店を三軒くらいはしごしています。一時間から一時間半ほど仕事をしたら、そこを出て、ほかの喫茶店に入る。三軒目くらいになると、けっこう進んだ感じがします。このように、仕事に区切りを入れて、回していくことが、集中して仕事を続けるための私の方法です。

辛い仕事のときはアメをなめる、という方法でもいいでしょう。仕事ごとにスイッチを決めてもいい。コーヒーを飲んだら原稿を書く、トイレに行ったら仕事をはじめる、あるいは仕事の区切りでジャンプして体をゆさぶったり、「ハーッ」と息を吐いたり。

これらはテレビでいうと、ＣＭの時間のようなものです。場所を変えたり、汗をかいたり、身体的な刺激を入れることで区切りをつけていく。そうすることでストレスなく仕事を続けていくことができるのです。自分なりのコンディションの調整法を持っていると強いと思います。

仕事と仕事の合間の切り替えも大事ですが、仕事が終わったあとの上手な切り替えも、翌日に疲れを残さないためには重要です。自律神経でいうと、興奮状態にある交感神経をしずめ、どこかで副交感神経優位にチェンジしないといけません。

たとえば、ビールをひと口飲んで「ぷは～」と声に出して、すっきりする。それまで集中して仕事をしてきたけれど、そのスイッチでリラックスモードに切り替わる。テンポを変えるのです。切り替えるポイントは「体からアプローチすること」です。汗を流す、シャワーを浴びる、筋肉をほぐすなど、体に働きかけることで上手にモードを切り替えていきましょう。

ストレス収支決算でメンタルを強くできる

忙しさに加えて思わぬトラブルが続いたり、理不尽な目にあったりと、「今日は嫌なことが続いたな」と気落ちする日があったとします。そんな日に私が徹底しているのは、好物のすき焼きを食べることです。

一日の決算として、嫌な思いをした日には、良いことを大盛りにしないと「元が取れない」と思っています。一日をプラスマイナスで考えたとき、すき焼きを食べることは、私にとってかなりプラスの行為です。今日の嫌なことを差し引いても「ちょっとプラス」になる。

普通は良いことがあった日に、お祝いや自分へのご褒美として美味しいものを食べると思います。私は逆なのです。調子が良いときには普通の生活をしておいて、自分の好きなことや楽しいことをマイナスだった日のために取っておきます。

嫌なことが続いたら、気持ちも落ち込んでその感情に呑み込まれてしまいそうになります。そんなときこそマイナスの状態から抜け出すために、プラスになるものを加えて

「ちょっとプラス」で一日を終える。

自分の一日を客観視して、プラスとマイナスを調整しているのです。

こまめにストレスを「決済」して、毎日の収支決算を行う。そうすることで翌日に疲れを残さず、気持ちを切り替えられます。

この収支決算も、日常的に行うほうがいいでしょう。嫌なことを決済しないまま溜め込んでしまうと、好きなものを食べるくらいでは取り返せないほど、ストレスが膨らんでしまいます。

ハードに仕事をする人ほど、ストレスを持ち越さないことが重要です。週単位、月単位でもかまいません。定期的に自分の状態を客観視して、「今月はさんざんな月だったから、来月は遊びに行く」など、プラスを用意するようにしましょう。

収支決算には、手帳に予定を記入するときに一工夫するのも有効です。たとえば気の張るような重要な仕事を赤色のペンで記入しておきます。一週間を俯瞰したとき、赤が多いようなら、疲れがたまっているかもしれません。だから間に自分が好きな仕事や楽しいことを入れるようにする。次の日には予定を入れないようにする。そうやって予定を事前に調整しておき、疲れをためないようにするのです。

自分の状況をいかに把握して切り替えられるか。これがメンタルを良い状態にキープするコツです。

トラブルに遭遇しても「自分を笑える強さ」を持てる

一日の収支決算では決済できないくらいの、とんでもないトラブルに巻き込まれてしまったとき。憂鬱な気持ちから抜け出せないような場面では、「きっぱりと諦めてしまう」という切り替え方もひとつの手段です。

起きてしまったトラブルは自分で動いてどうにかなる問題ではありません。自分のコントロール外のことです。ここはもう、仕方がないときっぱりと諦める。そこからどうするかが重要です。

トラブルに遭遇しても、友人や同僚に「こんなに大変なことになってしまってさ、ハハハ」と笑い話にできるかどうか。もしそれができたとすると、状況をかなり客観視できています。「パニックになるような状況におかれても自分で自分を笑える強さ」を持てれば、もう最強です。そういう人は、どんな逆境でも心が折れることなく、事態を好転させることができます。

トラブルに巻き込まれている自分を、「この事態は大変だ」と冷静に見つめるもう一人の自分がいると考えましょう。自分の状況を把握する自分を意識する、ということが一番のポイントとなります。

これはヨガの考え方にも共通するのですが、人間には、状況を把握することによって機能を修正していく能力があるのです。たとえば、ストレッチをしながら「ここが痛いな」と思って痛いところに意識を向けていくと、だんだんそこがゆるんでいきます。

テニスでボールを打つたびに自分がいまどんな状態で打ったのかを報告させる「インナーゲーム」という上達法があります。次の項目でも紹介する方法ですが、たとえば高さなら、「いまのはレベル2の高さです」とか「いまのは5です」などと繰り返していくうちに、だんだん良い高さの打点の球が増えていきます。これも状況把握が修正機能を目覚めさせている一例です。

苦手な人に対しても客観視できると強い。「苦手」と思う気持ちは自分の主観ですが、その人を含めたまわりの人間関係を客観的に見てみると、仕事はちゃんとやっているし、ほかの人から信頼もされている。そう考えれば決して悪い人ではない。すると仕事上だけでも付き合っていかなければいけないという意識が生まれてきます。

相手の性格は変わらないのですから、いかにこちらの感情を整理して向き合えるか。客観視できれば、「これはこれでチームは成立している。自分とは反りが合わなくても進行上は問題ない」と捉えることができるのです。

大切なのは、**自分のなかに「主観」と「客観」のそれぞれの視点があると意識する**ことです。主観が強すぎると、独りよがりの態度になったり、相手のことを自己本位な視点からしか捉えることができなかったりして、人間関係は悪くなっていきがちです。

そんなときには客観の意識を膨らませましょう。主観と客観の複線思考があることで、人に対しても寛容になれ、ストレスはずいぶんと軽減されるのです。

あえてもう一人の自分を黙らせてリラックスする

心をリラックスさせるためには、身体に注意を向けていくことが有効です。先にご紹介したように、人間には、自分の状況を客観的に把握することで修正機能が目覚める「自己修正機能」が備わっているのです。

メンタルと身体の調和について、テニスコーチであるティモシー・ガルウェイは「インナーゲーム理論」を提唱しています。これは、教育やビジネスの世界でも普及しているコーチング理論のもとになった考え方のひとつです。

ガルウェイは、人間には自分の行動を批判的に見る別の視点があると言い、それを「セルフ1」と名づけたうえで、これが能力の発揮を妨げることがあると指摘しています。

発端は、私自身や生徒たちを観察する内に、プレーヤーがそれぞれ、「心の内側で、自分自身と会話している」ことに気がついたことだった。「しっかりやれよ」「いいぞ、その調子」「だから、言ったじゃないか」。こうした会話の一部は、恐れや、自己不信からくるもので、プレーヤーがその場で最大能力を発揮することを、むしろ妨げていることに気がついた。その発見が、すべての起点になった。

自分自身に話しかけ、叱責し、支配している声の主を、私は「セルフ1」と名づけることにした。自分自身（MYSELF）のセルフだ。そして、その命令によってボールを打つ存在を「セルフ2」と命名した。

（W・T・ガルウェイ『新インナーゲーム』 後藤新弥訳・構成 日刊スポーツ出版社）

セルフ1が命令をする自分自身、セルフ2が身体を動かす自分自身です。テニスをしているのはセルフ2ですが、セルフ1は横で評論家のように口うるさく「今のショットは違う」などと分析します。プレーヤーとしては、セルフ1が文句を言うものだから、リラックスしてボールを打つことができなくなるのです。

私たちは頭のなかで自分自身に対して「こうすべきだ」「なぜこんなことができないのか」と考えがちです。気持ちが追い込まれているときほど、自分で自分をさらに非難して痛めつけてしまっている人もいるのではないでしょうか。そうすることで伸びる人もいるかもしれませんが、どちらかといえば潜在能力を貶めてしまうことのほうが多いのです。

忙しくて目の前のことに集中しなければならないにもかかわらず、セルフ1の批判的な自己分析によって、自分自身を緊張させ疲れさせてしまう。これではいいパフォーマンスは発揮できません。セルフ1の思考を止めることが必要になります。

そのためには、身体の動きに集中し、観察し、感じることが重要です。本のなかでガルウェイは身体に意識を向けるための発声法も紹介しています。たとえばテニスであれば、選手自身が、ボールがコートにバウンドする瞬間に「バウンス」と大声で言い、ラケットに当たる瞬間に「ヒット」と言う。声に出すことで、雑念を排除し、ボールの動きのみに注意が向けられるようになり、心を集中させてくれるのです。

心身を調整するには、一回深呼吸をして呼吸に集中するのもいいでしょう。身体の状態に意識を向けることで自分自身を非難する思考が止まりリラックスした状態になります。セルフ1が過多に働いていたバランスを整えてから、問題に向き合うのです。

複線思考は、もう一人の自分の視点から自己客観視する能力を高めることだと思われるかもしれませんが、それだけではありません。**もう一人の自分をあえて消すことで、潜在的な力を集中的に引き出す**こともあるのです。

これは東洋の伝統的な禅やヨガと同じ考え方です。禅やヨガはどちらもセルフ2、つまりありのままの自己を大事にするという特徴があります。今自分が存在していることを認めて安らぎを得るという発想です。禅を習得している人は感情に呑み込まれたり、混乱して自分自身を罵倒したりすることはありません。

自分自身を分析する思考を黙らせて、自分の直感力や感性をしっかりと活かす。これも感情をコントロールして優れたパフォーマンスを発揮するためのひとつの方法なのです。

悩みをすべて書き出して心の負担を減らせる

感情に呑み込まれそうな自分がいたら、もう一人の自分がそれを外側から見つめる意識を持ちましょう。外側からの視点を持つための最も簡単な方法が、紙に書き出すことです。

手帳でもメモ用紙でも何でもかまわないのですが、気になることをすべて書き出してみましょう。次から次へと書き出して、吐き出していくことで、心と頭のなかでモヤモヤしていたものが目の前に現れます。きわめてシンプルな方法ですが、文字にしたものを眺めているうちに、「これがいまの自分にとってストレスの原因になっているのだな」「来週、この仕事さえ片付けば気持ちも楽になるな」などと自分の状況を客観視できるようになります。これで**心の負担をずいぶんと減らすことができる**のです。

このとき内容を声に出しながら書き出してみると、耳からも言葉が入ってくるのでより効果的です。

デカルトは『方法序説』のなかで、考え方のルールとして四つの原則を掲げ、四番目に枚挙することを挙げています。

すべての場合に、完全な枚挙と全体にわたる見直しをして、なにも見落とさなかったと確信すること。

（デカルト『方法序説』谷川多佳子訳　岩波文庫）

見落としがないようすべてを書き出してみることを「枚挙方式」と呼ぶとすると、枚挙方式を用いれば頭の中のモヤモヤがすっきりします。可能性も含めてすべてを書き出すことで、いろいろなものが見えてくるのです。

仕事が重なっているときも、この書き出し方式は使えます。抱えている仕事を列挙してみると、同時並行でできるものが見つかったり、誰かに振ることができる仕事を発見できたり、優先的に進めなければいけないものが見えてきます。

私は普段から手帳を眺めている時間が長いのですが、それは仕事の予定を手帳に書き出して、じっくり眺めてシミュレーションをしているからです。仕事が重なってきても、「まずは、これとこれに手をつけよう」と頭のなかであらかじめ整理しておけば、冷静に取り組むことができます。

なお、仕事内容を書き出すときのポイントは、書き出したものにチェックボックスをつけておくことです。仕事の期限があるものは、その日付も書いていきます。そして仕事が終わったら、赤でチェックボックスに印をつける。そうすることで「フー、終わった」と達成感を感じられます。現時点でどこまで解決できて、何が手つかずで残っているのか。ひと目で把握することができます。

忙しいときほど自分のなかだけに心配事を溜めておくと、感情に支配されて自分の主観でしかものごとが見えなくなってしまったり、目の前の仕事のことで頭がいっぱいになってしまったりするものです。**私にとってはこの書き出し方式は精神安定剤のようなもの。**人が抱え込める量は限られているので、ぜひどんどん書き出して心の負担を軽くしてください。

苦手分野をコストパフォーマンス抜群の「伸びしろ」にする

あなたが苦手とするものは何でしょうか。もしもその苦手分野に対して、「なるべく関わりたくない」と思って避けているのであれば、それはもったいないことです。誰しもひとつくらいは苦手分野を持っているものですが、ここにこそ「伸びしろ」があるのです。そう考えてぜひ向き合ってほしいと思います。

苦手なものをそのままにしておくと、どうなるか。私にはこんな失敗談があります。学生時代の試験勉強で、私は好きな教科だけ勉強し続けて、苦手な教科は放り投げてしまいました。その結果、致命的な結末を迎えてしまったのです。これで一生分は後悔しました。苦手分野を積み残していいことはありません。

そもそも、苦手なものにまったく触れずに仕事ができる環境にある人は、それほどいないと思います。だから、苦手分野と向き合って、ぜひその克服にチャレンジしましょう。


錦織圭選手は、一〇代から世界で活躍している一流のテニスプレーヤーですが、そんな彼にも苦手とするものがありました。サービス力が弱かったのです。そこでサーブの改善に取り組んだら、目を見張るほどレベルが上がりました。錦織選手のサービスエースは二〇一三年が一四〇本。二〇一四年は二八六本です。二倍以上も伸びているのです。プロの選手でも、苦手分野に手をつけることで、これだけ力を伸ばすことができるのかと驚きました。

苦手なものに取り組むとき、ほかの作業をするよりも、はるかに多くのエネルギーを消費します。たとえば「パソコンでの資料づくりが苦手だ」という人は、それをしなければいけないと思うだけで気が重くなり、疲れてくるものです。苦手なものがあると、それがストレスの温床になってしまうのです。

自分を客観視すれば、自分のとくに苦手とする分野は何か、それがどれだけ仕事や日常生活の足を引っ張っているかが見えてくるはずです。苦手分野を積み残したままにしても、いいことは一つもありません。苦手克服に着手すると、思った以上に効率よく伸びる。これはつまり、苦手分野の克服はコストパフォーマンスがいいということなのです。苦手なものにこそ、その人の「伸びしろ」があります。

苦手克服のためには、思い切って二週間くらい集中して、それに取り組んでみることをおすすめします。イメージとしては**二週間、苦手克服のための「ミニキャンプ」を張って生活する**のです。日常生活から離れることは実際には難しいでしょうから、意識のうえで「苦手分野を克服する期間だ」と決めて、あえて苦手な仕事ばかりに取り組んでみたり、苦手な分野の本を読んで勉強してみたりと積極的に働きかけるのです。

人間の意識の集中は、二週間程度は続きます。二週間、徹底的に向き合えば、たいていのことは何とかなるものです。

二週間後には苦手としていた作業が、一定のレベルでできるようになっているはずです。そうしたら、「もうこの分野は苦手ではなくなった。負担を感じない」と気持ちを切り替え、苦手分野は自分の「技」になったと認定しましょう。こうして苦手分野を一つひとつ克服して、技を一つひとつ獲得していくのです。

自分の技になった作業は、ストレスにもならないし、取り組んでも疲れません。いかがでしょうか。苦手という「伸びしろ」でどれだけ自分が変わるか、わくわくしてきませんか?

自分のストロングポイントが見つかる

苦手分野と同様に、得意なことを見つけるためにも、自己客観視が必要です。人によっては**得意な部分を伸ばすことだけで、飛躍的に「できる人」となる**場合もあるかと思います。

ホンダの創業者・本田宗一郎も、得意なことが何かを見つけて自分で育てていくことが課題だと述べています。

私は金をいじるのは不得手だから人にやってもらう。私は不得手なことはやらず、得手なことしかやらないことにしている。

人生は『得手に帆あげて』生きるのが最上だと信じているからである。

だから社員にも得意な分野で働けといっている。会社の上役は、下の連中が何が得意であるかを見極めて人の配分を考えるのが経営上手というものだ。また社員の方も『能ある鷹は爪をかくさず』で、自分の得手なものを上役に知らせる義務がある。上役だって神様ではないのだから、そうして貰わなければわからないだろう。

（本田宗一郎『得手に帆あげて』光文社）

チームでの仕事においては、それぞれが得意とするストロングポイントを出し合っていくことで、効率よく進む場合があります。

しかし、その強みを自分でわかっていなければ、ほかの人も把握のしようがありません。眼力のある上司がいてくれれば、「これが君の得手だよ」と、自分でも気づかないようなストロングポイントを見つけてくれることがあるかもしれませんが、それは幸運にも見る目のある上司、監督がいた場合に限ります。

そういう人がいない場合は、**自分で自分の得意なことを見極め、それをアピールする**

必要があるのです。さらには、チームにとって自分のストロングポイントがどのように働くのかを判断することも重要です。「自分が貢献できる力はこれです」と、全体を見ながら自分の力を提案するのです。それは、自己客観視力であり状況判断力です。

全体を見渡してそこにどのようにプラスに関わることができるかを自分で説明できるようになることが、自分を活かす道になるのです。

セルフチェックシート③　自己客観視できるようになるには

□ もう一人の自分から見るように意識する。

□ 自分でコントロールできないことを気にしない。

□ 「ここぞ」というときに一気にエネルギーを注ぎ込む。

□ 柔軟な適当さを身につけ、ストレスを溜め込まない。

□ フィジカル面、メンタル面のコンディションを把握する。

□ 仕事をコンディションに合わせて変えていく。

□ ベストなコンディションを維持するリセット法を持つ。

□ 嫌なことが続いたら自分の好きなことをして「ちょっとプラス」で一日を終える。

□ とんでもないトラブルに巻き込まれたら、きっぱりと諦める。

□ 苦手な人を客観的に見て評価する。

□ 気になることをすべて紙に書き出す。

□ 仕事内容もすべて書き出す。その際、チェックボックスをつける。

□ 苦手分野こそ「伸びしろ」、克服のため2週間の「ミニキャンプ」を張る。

今すぐできること

●毎日のコンディションを意識する。「仕事の進むスピード」を判断基準として、コンディションに合わせて仕事の内容を変えるようにする。
●コンディションが悪い日は無理をせず、できる仕事をする。
●コンディションを維持するには身体からのアプローチを意識する。深呼吸をする、サウナに入る、マッサージをするなど。
●集中して仕事を続けるために、喫茶店など仕事をする場所を変える。
●嫌なことが続いたら自分の好きなことをして、ストレスの収支をプラスにする。
●手帳に予定を記入するとき、気の張る仕事は赤で記入する。一週間を俯瞰して赤が多いときは、疲れている可能性があるので、意識的に楽しい予定を入れたり、何もしない時間をつくったりする。
●心のなかのモヤモヤを紙に書き出す。仕事で期限のあるものは日付も書いておき、終わったらチェックする。

4

複線思考術3

「部分」と「全体」で把握する複線思考

宮本武蔵が説いた「二つの目」

テレビでサッカー観戦をすると、つい「あそこがガラ空きなのに、どうしてパスを出せないのか」と思ってしまうことはありませんか。

サッカー場をカメラの視線で上から捉えた見え方と、実際にピッチに立って見える見え方は、まったく異なります。パスをどこに出すか、空いている空間は選手の視点からは見えないことがほとんどなのです。

しかし、サッカー選手は幼い頃から、ピッチを図にしたもので戦略の説明を受けています。その図はまさにカメラと同じ上からの視点で「ここからパスがきたら、こうなる」と全体を見ています。この訓練を繰り返すことで、**優れた選手はピッチにいるときも上から見たときの俯瞰した目線を獲得できるようになる**のだそうです。するとピッチ上からは本来見えない「ガラ空き」のスペースが見えて、パスを出すことができるのです。

また、選手は幼い頃からの練習によって、視野が広くなるよう鍛えられます。ボールコントロールがうまい選手は、足もとを見なくてもボールをキープしながら、しっかりと周りを見渡せます。足に向ける意識を最小限にし、別のことに意識を働かせることができるのです。

宮本武蔵の『五輪書』（鎌田茂雄　講談社学術文庫）にも、これと同じように剣術における二通りの「見方」についての記述があります。

目の付けやうは、大きに広く付くる目也。観見《かんけん》二つの事、観《かん》の目つよく、見《けん》の目よわく、遠き所を見、ちかき所を遠く見る事、兵法の専《せん》也。（中略）工夫有るべし。

（訳文）

戦いのときの目のくばり方は、大きく広くくばるのである。目には観の目と見の目とがあるが、観の目をつよくし、見の目は弱くする。離れたところの動きをはっきりとつかみ、また身近な動きにとらわれず、それをはなして見ることが兵法の上で最も大切である。（中略）工夫がなければならない。

宮本武蔵は、**剣術には焦点を絞って部分を見る目と、全体を捉える目の二つが必要だ**

これだけ！整理ノート⑦　全体と部分

（宮本武蔵『五輪書』）

部分を見る目
・相手の足や手首がどう動いたかを見る

全体を見る目
・相手の気配を感じ取る

と指摘しています。一方は、相手の足や手首がどう動いたのかという「部分を見る目」。そしてもう一方は、相手の気配を感じ取るような、「全体を見る目」となります。

さらに『五輪書』では、剣術に必要なものとして、「間合い」にも触れています。

敵を打つ拍子に、一拍子《ひとつひょうし》といひて、敵我《てきわれ》あたるほどのくらゐを得て、敵のわきまへぬうちを心に得て、我身《わがみ》もうごかさず、心も付《つ》けず、いかにもはやく、直《すぐ》に打つ拍子也。敵の太刀、ひかん、はづさん、うたんと思ふ心のなきうちを打つ拍子、是《これ》一拍子也。此拍子能《よ》くならひ得て、間《ま》の拍子をはやく打つ事鍛練《たんれん》すべし。

（訳文）

敵を打つ拍子に、一拍子の打ちといって、敵と我とが太刀の届くほどの位置をしめて、敵の心がまえができないまえに、自分の身も動かさず、どこにも心をつけず、すばやく一気に打つ拍子がある。敵が太刀を、引こう、はずそう、打とうなどと思う心がおこらぬうちに打つ拍子が、一拍子である。

この拍子をよく習得し、間合をきりつめ、すばやく打つことを鍛錬しなければならぬ。

「間」というもの自体は、もともと時間と空間が渾然一体となった概念なのですが、相手との「距離の間合い」を捉えつつ、次にいつ斬りかかってくるのかという「時間的な間合い」も捉える。剣術は、相手との空間的な距離と、時間的な間を一体化して捉えなければ、相手に斬られてしまうのです。

これはボクシングにも同じ考え方があるかもしれないと、私はプロボクサーの井岡一翔さんにお会いしたときに、「パンチを打たれないためにはどうしたらいいのでしょうか」と訊いてみました。すると井岡さんは、基本的にはまず距離をとること、そしてタイミングも大切なのだとおっしゃっていました。届かないところにいれば打たれない。これはひじょうに簡単な理屈です。さっそく明治大学のボクシング部の部員に、「ディフェンスの基本は何だと思う?」と訊くと、「ガードです」「ブロックすることです」と答えるので、「当たらない距離に身を置くことらしいよ」と教えました。武蔵の説いた剣術の一番の基本は、実は見落とされがちなことなのかもしれません。

宮本武蔵はここで「拍子」の重要性についても説いています。拍子とは、相手のリズムをつかみ、一瞬の空白を見つけたら、間髪を入れずに打ち込むということです。剣術は、反射神経を磨き野性の勘のようなものに頼る部分が大きいと思われるかもしれません。しかし実際には二つの見方、二つの間合い、相手のリズムなど、複線思考が膨大に積み重ねられているのです。

武蔵はこれほどまでに複線思考であらゆるものに意識を向け、認識していたからこそ、無敗で生き延びることができたのでしょう。

『五輪書』に書かれていることはスポーツ以外にも活かせる考え方です。**部分と全体の**

両方の視点を持つことで、より広い視野でものごとを捉え、思考を深めることができるのです。「いま自分は全体を見て考えているな」「次は部分を見て考えよう」と、意識的に切り替えながら、ものごとを捉えることがポイントです。

「森を見て木を見ない人」や「木を見て森を見ない人」がいます。「森」と「木」のどちらかだけだと単線思考ということになります。一般論ばかり口にして、具体論になかなか入らない人。逆に、具体的だけど細かい話ばかりで、論の全体が見えてこない人。どちらかの視座にだけ立った意見では、説得力が薄れてしまいます。

これは「理論」と「実践」にも言えることで、実践派の人は、それにとらわれて理論をうまく説明できない。理論派の人は理論に囚われてしまう。どちらかだけでは単線的で、視野が狭い。求められるのは、実践力と理論力の両方を備えていることです。これは、両者の切り替えを意識的に行うことから身についていくものだと思います。

逆算思考で仕事の無駄を減らせる

私は根が怠惰な人間です。しかし、自分でも不思議なのですが、根が怠惰な割になぜか大量の仕事をこなしています。勤勉に生まれつけばそれはそれで結構なことなのですが、怠惰な人間ほど仕事を多くこなすことがあるのです。それは、仕事をどうしたら省エネできるかを徹底的に考えるからだと思います。

うまく省エネができるようになると、仕事に無駄がなくなります。そのぶん仕事の回転が速くなり、短い時間で終わらせることができ、さらに新しい仕事を請け負うこともできます。たくさんの仕事をつねに抱えている状況なので、必然的に効率のよい仕事の進め方を考えるようになります。省エネの効率のよさに気づくと、さらに「省エネできるところはないか」と考えていくようになるのです。

仕事の省エネ化を考えるときに発達する能力が「逆算思考」です。仕事に設定された期限と、その仕事の目的を明確にし、そこから逆算をして仕事の段取りを立てていく。おそらくすでに多くの人がこの方法で仕事をしていると思うのですが、逆算思考は、これを徹底的に突き詰めていきます。

ここにも「部分」と「全体」の両方で仕事を把握するという複線思考が働いています。つまり、自分がいま手をつけている仕事だけでなく、仕事全体の流れから俯瞰する、場合によっては社会におけるその仕事の立ち位置から俯瞰することによって、効率のよい仕事の進め方が見えてくるのです。

これは車のカーナビにも似ています。カーナビには、目的地を設定するとルートを何パターンか提案してくれる機能がありますが、時間を優先して最短ルートを通るのか、高速などの有料道路を使わないルートを選択するのか、複数の選択肢から目的に見合うルートを判断することができます。そして、道を間違えたとしても、瞬時に目的地までのルートを導き出してくれる。

逆算思考もこれと同じで、目的を明確にすることでそのときの状況に合わせたベストなルートを選び、効率よく仕事を進められます。途中で状況が変わったとしても、全体を俯瞰して新たな進め方を設定し直すのです。

実は私には、猛烈に仕事ができない時期がありました。大学院の二年間をかけて、論文一本さえも満足に書けなかったのです。いまから考えると、その理由は、時間がありすぎて大きく構えすぎていたからだと思います。

時間がたくさんあるときには、期限から逆算して効率的な方法を考えることはありません。当時はものすごく効率の悪い進め方をしていました。図書館の隅で延々と調べものをして、コピーを取る。しかしせっかく集めた資料がまったく論文には活かされない、ということも多かった。論文を書くために用意した膨大な資料の山を前に、「ほとんど無駄だったな」と思う経験を何度もしました。

たしかに研究者は、地道に資料を集め「こんなところまで」と思われるようなことも徹底的に調べ上げるものです。私も最初は論文に使わない資料を揃えるのも仕方のないことだと思っていました。しかし、あるとき私は論文を大量に書かなければ職にありつけないという切羽詰まった状況に追い込まれました。そこで、一度に五本論文を書くような計画を立てたのです。

これをなしとげるには、無駄な資料集めをしている暇はありません。論文の成果に直結する資料を嗅ぎ当てる嗅覚を発達させなければならないと思いました。「無駄なものは絶対にコピーしない」と強く決めて資料集めに取りかかります。

とにかく追求するのは「必要なものだけ」。それでも使わないものは出てきます。「いつか使うだろう」と思う資料も結局使わないとわかってきます。そうしたら次の論文ではさらに嗅覚を研ぎ澄ませ、絶対に必要なものだけを集めるようにする。それを繰り返すうちに、コツがつかめるようになっていきました。

コツがわかると、**論文を書く前から必要な資料や論文の構成が見えてきて、書く前にすでに仕上がっている**という状態にまで行き着いたのです。ここまで来ると、もはや終わった作業をなぞる感覚で、仕事をすることができました。

会議でも、大量の資料をコピーしたにもかかわらず、結局全員がたいして目を通さないまま終わることがあります。人が顔を合わせる会議で大切なことは何でしょうか。ひとつは意思決定をすることです。ではそのために本当に必要な資料は何か。いまは必要になったらインターネットでその場で調べることもできます。「念のために用意しておく」ものは、減らしていけるはずです。「もしかしたら使うかもしれない」資料に保険をかけて用意しておくのは得策ではありません。

もちろん一回限りの交渉ごとでは、あらゆることを想定して準備をする必要があるでしょう。大切なのは仕事の目的を明確にし、そこから逆算して本当に必要なものだけを用意すること。それを徹底することで多くの無駄を省くことができるのです。

全体をおさえれば、いい加減でもかまわない

現代はスピードを重視する時代です。仕事の精度を追求するあまり、余計に時間がかかってしまうよりは、荒削りのものでいいから出してみることのほうが重要になる場面もあるでしょう。

たとえば、私が学生に与えた課題に対し、締め切りが一〇日後に迫っているのに、本

人が一週間も悩んでいて、たいしたものが出せそうにないとわかったら、私は「二時間後に提出して」と言ってしまいます。そして出てきたものを見て、どうすればもっとよくなるかアドバイスをする。そうすれば、締め切りまでの残りの三日間を本人に任せることができます。そのほうがよほどいいものができるのです。

修正は早いほうがいい。「修正の少ない人が、仕事のできる人だ」と考える人もいるかもしれません。しかし修正することは、決して悪いことではありません。

大事なのはスピードです。早めに修正をしていけば、間違いも少ないし、提出が遅れて確認の時間が短くなってしまうことを防げます。ペンキを上塗りしていくように、ダメなら修正を重ねて完成させればいいのです。早め早めに確認をするほうが効率よく進められます。一人で抱え込んでもろくなことがありません。

「いい加減な仕事はしない」という考えもありますが、私はそうは思いません。**完璧主義には効率の悪さがつきまとう**からです。仕事全体を俯瞰すれば、現在時間をかけて取り組んでいることが、どれくらいの重要性を持っているか理解することができるはずです。そのとき、完璧を期すだけのために、無駄なところに力を注いでいることに気づくこともあるでしょう。

メジャー・リーグの評価の指標に**「クオリティ・スタート率」**という換算方法があります。これは、先発投手が六回以上を自責点三点以内に抑えられる確率のことです。私はこの考え方が結構好きです。評価の基準は何勝するかではありません。どれだけ先発投手として安定しているかが問われるのです。

これは仕事でも同じです。**零点に抑える必要はない。三点くらいは取られたってかまわない。**そう考えれば、どこか気持ちが楽になりませんか？　一球一球の「部分」も大事だけれど、試合「全体」はもっと大事。そういう発想が余裕で結果を出すには大切です。

毎回きっちり完封を狙いにいくのもいいかもしれません。しかし、それだとちょっとした綻びから打ち崩されたときに、立ち直りにくい。結果的に四点以上奪われてしまうかもしれません。それよりも、荒削りでいいから、大筋をおさえる。ほかはアバウトでいい。要所要所をおさえるピッチングを心がけるのです。

「六割で合格」と決めるのもいいと思います。最初から八〇点、九〇点を求めると、減点されたところばかりに目が行ってしまいます。一応、六割の合格点は取ったうえで、結果七五点程度の仕事ぶりだったとき。それを八〇点より五点低いと考えるか、六〇点より一五点も高いと考えるかで気持ちはかなり変わってきます。

完璧な資料を作ろうとして、時間ばかりが過ぎていく。何かすごい論文を書こうとして、ぜんぜん進まない。真面目に仕事に取り組んでいるのに「とりあえず出す」ことができなくて何もできなくなるケースや、**完璧主義であるがために仕事がうまくいかなくなる人**を私は何度も見てきました。もっと大らかに、大雑把に考える人のほうがたくさんの仕事をこなすことができ、まわりの人にとっても仕事がしやすいものなのです。

仕事全体を俯瞰できれば仕事を早く覚えられる

職人の世界では、よく「一つ覚えるのに一〇年はかかる」というフレーズが使われます。私はこれを耳にすると尊敬の念を抱くと同時に、「本当にそんなにかかるのだろうか？」と疑いの念も持ってしまいます。

もちろん、歌舞伎役者など芸事に携わる人をはじめ、仕事を自分のものにするまで膨大な時間がかかる場合もあるでしょう。しかし、それほどの芸事ではない分野では、先人の経験を下の世代に合理化して伝えることができないから、そのような状況が生まれるのではないかと思う部分もあります。教育システムの欠如が、効率化を阻んでいるのです。

あるテレビ番組で取り上げられた職人さんは、未経験で仕事をはじめ、半年後にはかなり高いレベルに到達していました。仕事を身につけるのがあまりに早くて、番組ではその人をかえって紹介しにくくなってしまったことがあったのです。

しかし一〇年かかる仕事を半年で身につけられたのなら素晴らしいことです。**「時間をかけないと身につかない」という考え方は、一度ばっさりと捨てる**必要があるのではないでしょうか。

仕事を早く覚えるために必要なのは**「類推」を利かせる**ことです。真似すべきところを真似て技を身につけてしまえば、あとは類推を利かせることで、仕事を覚える時間は大幅に短縮できるはずなのです。一つ二つと指示を受けたら、三つ目、四つ目は言われなくてもわかっている。これができるかどうかが、仕事ができる人とできない人の分かれ目だと思います。

類推を利かせるためには、自分の仕事ばかりに目を向けても意味はありません。まずは先輩や上司の仕事を見て、何をしているのか、その仕事のポイントだと思うところを列挙してみましょう。その書き出したメモを見ながら、自分の仕事に応用した場合はどう進めるかを類推するのです。

仕事全体を俯瞰する意識を持ってこの作業に取り組むと、自分の仕事の部分との共通点や、自分も取り入れるべき点が見つかるはずです。自分でマニュアルをつくってみるのも、頭を整理することができ、有効です。

私は学生によく、先生が授業をしているビデオを見せて、「感動的なビデオだったね、では、この先生が授業で実践していた工夫を二〇個書き出して」と列挙させます。「感動しているだけじゃダメだろう、二〇個書き出せないと自分で同じような授業はできないよ」と言っています。感情にとらわれないで、段取りを見抜こうとする意識を働かせると、視野が広がり仕事全体を俯瞰できるようになります。**物事を類推するには、段取りを見抜く力を身につけることも大切なのです。**

この「段取り力」を身につけるためには、メイキングに興味を持つのもいいでしょう。たとえばCMの制作者になったつもりで、そのCMの段取りを書き出してみるのです。

実際のメイキングビデオからも勉強することができます。たとえば映画「もののけ姫」を観るなら、付録でついているメイキングも一緒に観ます。案外、本編よりもメイキングのほうが勉強になることもあります。テレビ番組ではNHKの「プロフェッショナル 仕事の流儀」もメイキング番組として興味深く見ています。どんな段取りで、どんな観点からアイデアが生まれるのかに着目するのです。

デザイナー、アニメーター、作曲家、そういった人の話がまた面白い。自分の業界に関係のある話だけではなく、領域を超えて、「みんなは、何をどう工夫しているのか」という点から、学ぶものがあるはずです。

類推は、自分が仕事を覚える立場であるときはもちろん、後輩に仕事を教えるときにもぜひ使ってほしいと思います。「受け身でいるのをやめて、とにかく類推をしろ」と言い続けましょう。仕事を覚えるスピードは確実に速くなるはずです。

会議全体を俯瞰すれば簡単に活性化する

無駄に長い会議は、ストレスが溜まるし、本当に時間がもったいないものです。

話し合いがうまく進んでいかない原因として、メンバーの発言が出てこないことが挙げられます。若手が萎縮してなかなか発言することができない。せっかくメンバーに専門性の高い人がいるのに、専門性を生かした発言がない。

こうした空気を変えるのは、実はとても簡単です。**司会の役割にあたる人が、会議全体を俯瞰する意識を持って、その場にいるメンバーを指名する。**これだけです。「○○

さんはどうですか」と誘い水のように聞くと、今まで黙っていた人も安心して意見を出してくれます。

さらには、専門性の高い人には、名指しで意見を聞き出したうえで、専門的な発言をしたときに「本当によくご存じですね」と言い、その人が場に存在する意味を浮かび上がらせるのです。

司会者のポジションにいる人が、「今この場になぜこのメンバーがいるのか」を意識させることで、まわりが各自の役割に気づき、納得感が生まれます。すると生産的な発言が出てくるようになるはずです。

さらに、一つ意見が出てきたら、「それは、たとえば？」などと具体的に突っ込んで訊いてみましょう。すると、みんなから意見がどんどん出てくるはずです。

それでも会議がうまく進んでいないと感じる場合は、会議のシステムそのものを素直に問うてみるのもいいでしょう。そうすると、「こんなに大勢が参加する必要はないのではないか」「書類は必要ない」など、会議を効率化させるヒントが出てくるはずです。

司会者が会議全体を俯瞰する意識を持ち、リズムよく訊いていくことで、停滞していた会議の空気は大きく変わるはずです。

ストレスを改善のきっかけにする

仕事にストレスはつきものです。むしろそれをすすんで認め、仕事のどの部分にストレスを感じるかを突き詰めることで、仕事の無駄をなくし、生産性を高めることができます。ストレスを減らすことはすなわち、仕事をスムーズに進めることでもあるからです。

仕事がうまくいっていないと感じるとき、ひとりで仕事全体を俯瞰しても解決策が見当たらない場合は、同僚やチームメンバーの「ストレス」がどこにあるかに注目するといいでしょう。

チームで同じ仕事をしていても、自分では気づかないうちに相手のちょっとしたことでストレスを溜めている可能性もあるでしょう。**ストレスを口にするのは、自己中心的な行為ではありません。**ストレスに感じることがあれば、自分から率先して発信していきます。

相手にも「ストレスはない？」と訊いてみましょう。ポイントは、社内で定期的にストレスを解消していく姿勢です。そのためには、メンバーで率直に意見を出し合うこと。そして「この手順を変えよう」「ここを工夫してみよう」と、つねに仕事全体を俯瞰しながら、進め方を更新していくことです。これはとても有効な方法です。

このように提案するのは、私自身がこの方法に触れて、長年の非効率な仕事を一気に解消できたからです。

私には、教員として出席している定例の会議があります。普段は別々の場所で仕事をする何人もの教員が一ヵ所に集まり行っていました。しかしルーティーンの会議なので、一五分、二〇分で終わることも多く、この会議のためだけに自分の仕事を中断して集まることにストレスを感じていました。あるとき、この短い会議のために集まる必要があるのかと、口にしてくれた先生がいました。

その意見を受けて話し合った結果、「たしかに無駄が多い」と意見が一致しました。その結果、出てきた解決策がスカイプの導入です。試してみると、声はよく聞こえるし、何の問題もない。さっそく先生方が勤務する各校舎にスカイプを設置して、会議の回数自体も減らし、開催するときはその場で参加できる人だけが参加するよう仕組みを変えました。すると、移動時間の問題も解消され、とても効率が良くなったのです。

スカイプという技術はずいぶん前からあったので知ってはいたものの、会議に本気で導入しようという考えが持てていませんでした。メンバーがストレスを口にしてくれたことで、きっかけをつかむことができ、この会議は大きく改善したのです。

ストレスを共有して対処していくことが、仕事の基本だと考えます。そして仕事のストレスが減れば、仕事以外の時間も気持ちよく過ごすことができるようになるのです。

「ローテーション方式」で忙しくても大量の本を読み続けられる

私は普段、複数の本を並行して読んでいます。それも二冊や三冊ではありません。その数は一〇冊から多いときだと三〇冊にもなります。一日のうち、ある本は五ページを読み進め、次に手にした本は二〇ページといった具合で、読み進めるページ数はバラバラですし、しばらくの期間、中断してしまう本もあります。

こんなに多くの本を、まさに複線的に並行して読んでいると、どの本をどこまで読み進めたかわからなくなると思われるかもしれません。しかし、私は中断していた期間がたとえ一ヵ月あったとしても、本を開いた瞬間に、ついさっきまでその本を読んでいたかのように、すっと本の世界に入っていけるのです。

以前は私も一冊ずつ最後まで本を読み終わってから次の本に移るべきだと思っていま

した。しかしその読み方だと、どこかで本が止まってしまうことが多かったのです。そうすると次の本にいつまでたっても進むことができなくなります。**並行して読むと、たとえ一冊の本が止まったとしても、ほかの本は生き残ります。**そのことに気づいて少しずつ並行して読む本の数を増やしていきました。

すると「あの本はここまで読んだ」「この本はここまで読んだ」と、自分の頭のなかに栞《しおり》ができるようになりました。冊数を増やすほど「今日はあの続きを読もう」と意欲も出てきます。この作業を繰り返せば繰り返すほど、途中から読むことに慣れていき、すぐにライブ感覚で本の世界に入っていけるようになったのです。

ここにも全体を俯瞰する力が働いています。一冊に没入するのではなく、並行して読んでいる本のなかから、そのときの気分に適した本を選び取る。同じジャンルの本を続けて読むようにする。並行して読む本全体のバランスをとりながら、興味を持続させているのです。

少し話は変わりますが、私がなぜこれほどたくさんの本を読んでいるのかというと、**読書は自分のコンディションを整えるのにも有効だ**と思っているからです。本はまずは思索を深めたり知識を得たりするために読むのですが、自分のコンディションを整えるための読書というものもあるのです。「3」では、コンディションを整えるために、お風呂に入ったりマッサージを利用したりする、体からのアプローチをご紹介しました。それと同様に、読書はハードな仕事の合間に頭を休めるにはちょうどいいのです。

私はミステリ小説を読むのが好きです。ミステリ小説を読む時間はあまり生産性が高いとはいえません。ただ、ミステリ小説の世界のなかではいろいろな事件が起きます。それを読んでいると「自分はここまで大変じゃないな」と楽にもなれるのです。冷戦時代のスパイものは、強烈なストレスに晒されている人間の緻密なやりとりが面白く、そのストレスのなかで生きる登場人物のタフさを見ていると、頭が休まると同時に、鍛えられている感じもあります。

ミステリ小説も学術的な書籍もつねに同時並行で読む。いまではすっかりこのやり方に慣れてしまって、録画した映画さえ、中断しながら少しずつ観ているほどです。

私はCSやBSで放送される映画を大量に録画しています。忙しくてなかなか映画一本を通して観る時間を作り出すのが難しい。だから、たとえサスペンス映画でも「今日はここまで」といったん中断してしまいます。翌日はもうサスペンスを観る気分ではなくなってしまっていることもあり、そんなときはほかの映画を観ます。そしてサスペンスを観たい気分になったときに中断していたところに戻る。**忙しい人ほど観る作品を並行させる「ローテーション方式」が合っている**と思います。

一度中断した作品の世界にすぐに入るポイントは、映画や本の持つ「モード」に自分の感覚を合わせることです。映画なら、シリアスものなのかコメディなのか。本にも著者のモードがあります。再開する前に中断していた作品のモードを思い出し、そこに自分の感覚を合わせるようにするのです。そうすると、無理なく世界に入ることができ、いくつ同時並行しても疲れないでいられます。

仕事もローテーション方式なら一気に進む

本を並行して何冊も読む「ローテーション方式」は、仕事にも役立ちます。たとえば、仕事で何かの作業に集中している途中、電話がかかってきたりして一度中断してしまうと、なかなか元の集中している状態に戻れません。小さな子どもを育てている家庭であれば、なおさら中断が当たり前の環境でしょう。しかしこのローテーション方式を身につけると、集中力が鍛えられ、仕事に戻ったときもすぐに集中モードに入れるので「邪魔された」という感覚がなくなり、ストレスも大幅に減らすことができます。

私は仕事自体もローテーション方式で行っています。これは自分で**「ローテーション皿回し方式」**と名づけているのですが、まさに皿回しのイメージで、複数の仕事をつねに並行させて回していくのです。

これのメリットは、ひとつの仕事に飽きてきても、ほかの仕事で気分転換ができるという点です。**普通は飽きたら休憩を挟むと思うのですが、私の場合、仕事全体を俯瞰して、Aの仕事で疲れたらBの仕事、Bの仕事で疲れたらCの仕事と、つねに回していく。**だから、時間をロスすることなくどんどんはかどります。最初は二つ、三つぐらいから始めて、だんだん数を増やしていきます。

こう書くと、ごく限られた「仕事人間」だけが成し得ることのように思われるかもしれませんが、そんなことはありません。むしろ**仕事から仕事へと逃げ回っている**イメージです。

仕事を「面倒くさいな」「辛いな」と負担に感じるのは、人間として自然なことだと思います。でも、誰だって「これはわりと好きな仕事」というものを持っていると思います。仕事を「プランニング」「作業」「情報収集や調べもの」「打ち合わせ」「事務処理」などと細分化し、そのときそのときの自分のコンディションに合わせて、好きだったり疲れなかったりする仕事に逃げていくのです。逃れる力を利用して、ローテーション方式で仕事を回していくわけです。

会社員の方のなかには、仕事を完全に忘れてプライベートの時間を持つことができる人もいるかもしれませんが、仕事が立て込み余裕がなくなってくると、会社にいる時間だけでは仕事が終わらず、家に持ち帰ることが多いと思います。今はどこでも仕事ができますから、家でもメール連絡に対応するなどしている方が増えています。そのような状況下では、**いっそオン・オフを明確に区切らずに、オフの時間にも仕事の余熱を残しておいた**ほうが、かえって疲れないのではないかと思います。

たしかに、このような仕事のやり方は、一見、休みなく働いているため疲れてしまいそうですが、実は**「仕事が進まない」というストレスのほうが、人間にとって負担が大きい**のです。

私の場合は、資料を読む、原稿の校正をする、学生のテストの採点をするなど、膨大な仕事量が目の前に重なります。いろいろな仕事が入っているなかで、ストレスが溜まるのは、その仕事に手をつけるのが嫌でグズグズしているときなのです。仕事がはかどっているときは、量をこなしてもそんなに疲れないものです。こうした自分の経験からも、疲れは肉体より気分的なものが大きいと思うのです。

これだけ！整理ノート⑧ 怠惰な人でもたくさんのことができるローテーション方式

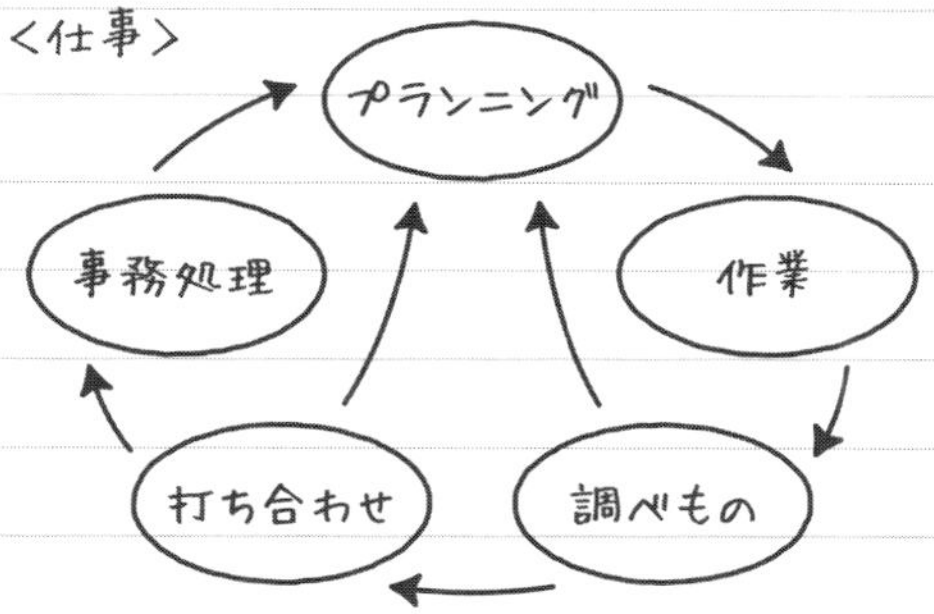

・ローテーション皿回し方式
複数の仕事をつねに並行させて回していく。細切れでかまわない。

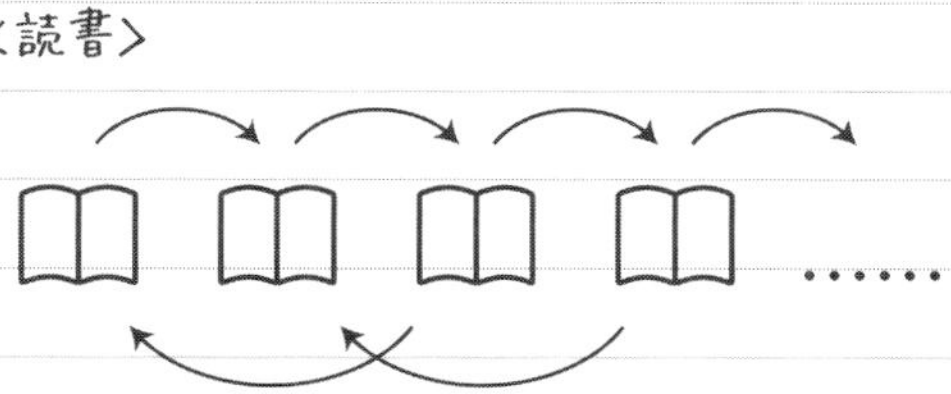

複数の本を並行して読む。1回に数ページでもかまわない。

仕事モードに入ったら、**仕事モードを維持したまま、仕事の種類だけを変えていく。**もちろん、ひとつの仕事だけを長距離マラソンを走りきるように、中断させることなく一気に最後までできればいいですが、短距離しか走れない気分のときもあります。そんなときはぜひ「ローテーション皿回し方式」で仕事を進めてみてください。細切れでいいから続けていくことが大切です。

仕事状況を俯瞰すれば「ホットなとき」を逃さない

せっかく本を買ったのに、読むタイミングを逸して読み損なうことはありませんか？本は買ったその日が最も「ホットなとき」。ホットなうちに、ある程度読んでおくことをおすすめします。最初からすべてを読む必要はありません。ざっとでも本に目を通しておくことは、魚にたとえれば新鮮なうちに下処理をして冷凍しておくのと同じです。食べたくなればいつでも食べられる状態になっているのです。

ポイントは、「人に説明できるくらいの要旨をつかんでおく」こと。たとえばフランスの経済学者、トマ・ピケティの『21世紀の資本』はかなり分厚い本です。最初のページから順に読んでいくと、なかなか読み終わりません。でも、**三〇分本を開いてざっと**

目を通せば、人に説明できるくらいの要旨はつかめるのです。章単位で何を書いてあるのかを把握することもできるし、後書きだけ読むことで全体像をつかめることもあります。そういうレベルでかまわないのです。

仕事も「ホットなとき」を逃さないようにすることが重要です。**仕事の状況全体を俯瞰すれば、「ホットなとき」がいつなのか、自ずからわかるはずです。**

たとえばチームで話し合いを行って、予定していた事柄が決まらなかったとします。そこで「この続きはまた次回」と決断を先送りにして別れてしまうと、せっかく集まったメンバーのホットなモチベーションが尻すぼみになってしまいます。「Aのパターンで事態が進んだ場合はこうしよう」「Bのパターンになったときはこうしよう」というところまで決めてから別れるようにしましょう。ここまで進めておけば、あとはメールのやりとりで意思決定できる場合も多い。そうすればテンポよく仕事も進むし、生産性の低い打ち合わせを減らすことができます。

また会議で判断に必要な資料がなかった場合、「次に会議の資料を持ってきます」ではなくて、その場で探す。スマートフォンやタブレットで調べて、なんとかその場で判断してしまうのです。そういう場面ごとの判断をどんどん増やすことで、**先送りにしないクセがついてきます。**

トラブル処理であれば、最もホットなのはトラブルの発覚直後。一番大切なのはスピードです。落ち込んでいる暇はありません。まず「申し訳ありませんでした」と謝ってから、事を進めるのです。最初の電話は謝罪だけでいい。「その後の対処については、もう一度、電話をかけさせていただきます」と先に謝ってしまえば気持ちが楽になります。**祝い事は遅れてもいいけれど、謝罪だけは遅れてはいけません。**とにかくすぐに謝罪の電話をかけること。「考える余地なし」と決めておくといいでしょう。

「会社に遅刻しそうだ」というときも、焦る気持ちはわかりますが、この段階で自分にできることはありません。コントロールできないことは、さっさと諦めましょう。わかった時点で連絡をする。電車の遅延が生じたときも「もしかしたら遅れるかもしれない。これとこれを先に進めておいてください」と言うだけで、焦りは軽減されます。

こまめな連絡は、ストレスを減らしてくれます。相手もあなたの状況がわかり、心の準備ができます。

たった一本の連絡をするだけで、「意外に連絡がマメだな」「謝り方が気持ちいいな」と思われるなら、連絡をしない手はありません。トラブル処理は、関係性をよくするきっかけになることもあります。

どんなに忙しくとも、俯瞰する力を使って、一番ホットなタイミングを逃さない臨機応変な姿勢をとることを身につけましょう。

メンバーの能力を俯瞰すれば最強のチームができる

組織で取り組む仕事とは、チームで行い、チームで利益を上げるべきものです。そして結果をみんなで山分けする。そういうシステムで成り立っています。

たとえばサッカーの場合、ゴールを決めるのが得意な人間と、パスをするのが得意な人間、ディフェンスが得意な人間がそれぞれに存在します。身長が169センチと比較的小柄なリオネル・メッシ選手が、もしフォワードではなくゴールキーパーになったら、次々とゴールを決められてしまうでしょう。

ポジションや役割が替われば、発揮できるパフォーマンスも変わります。何が苦手で、何が得意なのかをはっきりさせたほうが、チームとしては強く、有効な戦い方ができるのです。このとき、**メンバーの得意・不得意といった個性を見極めて、その能力を俯瞰して適材適所のポジションに配置する**ことが欠かせません。

また、チームとして成果を出せればいいのですから、一人ひとりが何でもこなせる完璧な人間である必要はありません。複数の人間が集まれば、そのチームは自ずと複線思考になるというメリットがあります。複数の人間で行う仕事には、思いもよらないアイデアが生まれたり、仕事を省エネ化させてスピードアップにつながったりと、一人では成し得ない可能性が広がります。そう考えれば、チームでの仕事は俄然、面白くなると思います。

たとえば先輩と後輩が二人で仕事をする場合。片方が直情径行型であれば、もう片方が冷静沈着型になる。漫才でいうボケとツッコミと同じで、二人が一つの事態に対して役割を分担して動くことによって、もしどちらか一つのタイプだったら失敗するリスクを減らすことができます。

こうした役割を明確にして「バディ（相棒）」関係を築くのは、仕事を進めるうえで、きわめて効果があると思います。「今回は、突っ走るほうでやるから、よろしくね」と、どんなポジションを担当するかは仕事ごとに変えてもいい。役割があることで、それぞれに自覚が生まれます。

この役割は、ストレスをシェアするという考え方で分担してもいいでしょう。チームに五人のメンバーがいたとすると、その五人の得意・不得意は異なります。だから「お客さん対応をする人」「メールの対応を行う人」「文書をつくる人」など役割分担を決めて、**苦手なことはほかのメンバーに任せるようにしてストレスをシェアし合う。**そうすることで一人ひとりの負担が少なくなり、それぞれの力を発揮しやすくなります。

チームで仕事をするときには、誰がどんな役割を担うか客観的に判断し、ベストなポジションで仕事に臨むようにしましょう。

また、部分を見る目と全体を見る目を自由に切り替えられる優れた複線思考の持ち主は、自分のポジションを相手に合わせて柔軟に変えられます。つまり相手が直感で動くタイプなら、自分は冷静に客観的に動く。相手が慎重派なら、自分は直感型になる。どんなポジションになったとしてもいい働きができるでしょう。**誰とでもチームを組むことができる柔軟な人。**これは新しいチームワークに求められる資質だと思います。

「妖怪ウォッチ」はゲームクリエイターの俯瞰する力が作り出した

仕事を俯瞰しながら、チームメンバーを適材適所に配置したり、効率化をはかったりする人は、プロデューサー的な役割を担うことになります。**プロデューサー役の人が優れた俯瞰する力を持つ人物かどうかで、そのプロジェクトの未来は大きく変わります。**

その一例をご紹介します。

社会現象にもなったゲーム「妖怪ウォッチ」は、漫画のアニメ化でもなく、何か元になるネタがあったわけでもありません。まさに何もないところから生み出されたコンテンツでした。

私はこの成功には、ゲームクリエイターの日野晃博さんによって優れた複線思考が発揮されたことが大きかったのではないかと思うのです。

日野さんはインタビューで、「妖怪ウォッチ」はどのような考え方で作られたのか、という質問に、次のように答えています。

ドラえもんのような普遍的な作品をつくりたいと思いました。その時代の子供たちに愛され、長く続くような作品を、一から生み出したい。今の時代を映した設定やキャラクターなどを考えました。

（「ダイヤモンド・オンライン」二〇一四年七月一七日）

大きな視点でコンテンツを発想し、「妖怪ウォッチ」というひとつのコンテンツから歌やアニメ、おもちゃ、ダンスなどが同時並行的に作られていった。クロスメディア戦略をとり、いろいろな業界が「妖怪ウォッチ」で盛り上がったのです。

全体を見渡して新しいシステムを作っていくことは、教育にも求められています。一回一回の授業をどうするかという視点も大切ですが、もっと大切なのは一年を通したカリキュラムで考えることだと思います。歴史でも、何も原始時代から順を追って授業を進める必要はありません。いま問題になっている話題があれば、それにからめた時代から授業をしてもいいのです。

生物の授業を一回受けると、生物観が身につく。歴史の授業を一回受けると、歴史観が身につく。このように、**一回の授業で「観」を身につける**ことができる、ミクロな視点とマクロな視点が一体化したような、そういう授業が私の理想なのです。

文章を図にし、その図を文章にすれば理解が早い

ものごとを図にして捉えるのは、全体を俯瞰して把握するためには、とても有効なテクニックです。

たとえば会議のとき、さまざまな意見が飛び交い論点を見失ってしまうようなことがありますが、ホワイトボードに書き出してみると整理することができます。さらに、以下に説明する「会議の流れを図化する」テクニックを身につければ、会議をより生産的にすることができます。

会議の図化は次の手順で行います（五人で会議を行う場合）。

（1）人の配置のとおりに円を五つ紙に書く。
（2）それぞれの円の中に、会議に参加しているメンバーの頭文字を書き入れる。
（3）会議がスタートしたら、アルファベットの横に各自の意見をメモしていく。
（4）誰に向かって発言したかなどを示す矢印も書き加えていく。

この会議の図化のポイントは、**議論の流れを外側から捉える視点**を持てることです。俯瞰して会議のやりとりをつかみ、発言の文脈も同時に把握できます。

何もメモをしないと、現在の話題に引きずられて、いま発言をしている相手に反応することばかりに意識が向いてしまうのです。それは船頭もおらず、行き先もわからない舟に全員が乗っているようなものです。生産的な会議にするために、自分はメンバーにどんな質問を投げかけ、発言をしていけばいいか、このメモを頼りに考えられるようになるのです。

私は一〇人くらいの学生を集めて、この会議の図化のテクニックを利用した「メタ会議」を行うことがあります。

これだけ! 整理ノート⑨　会議の図化

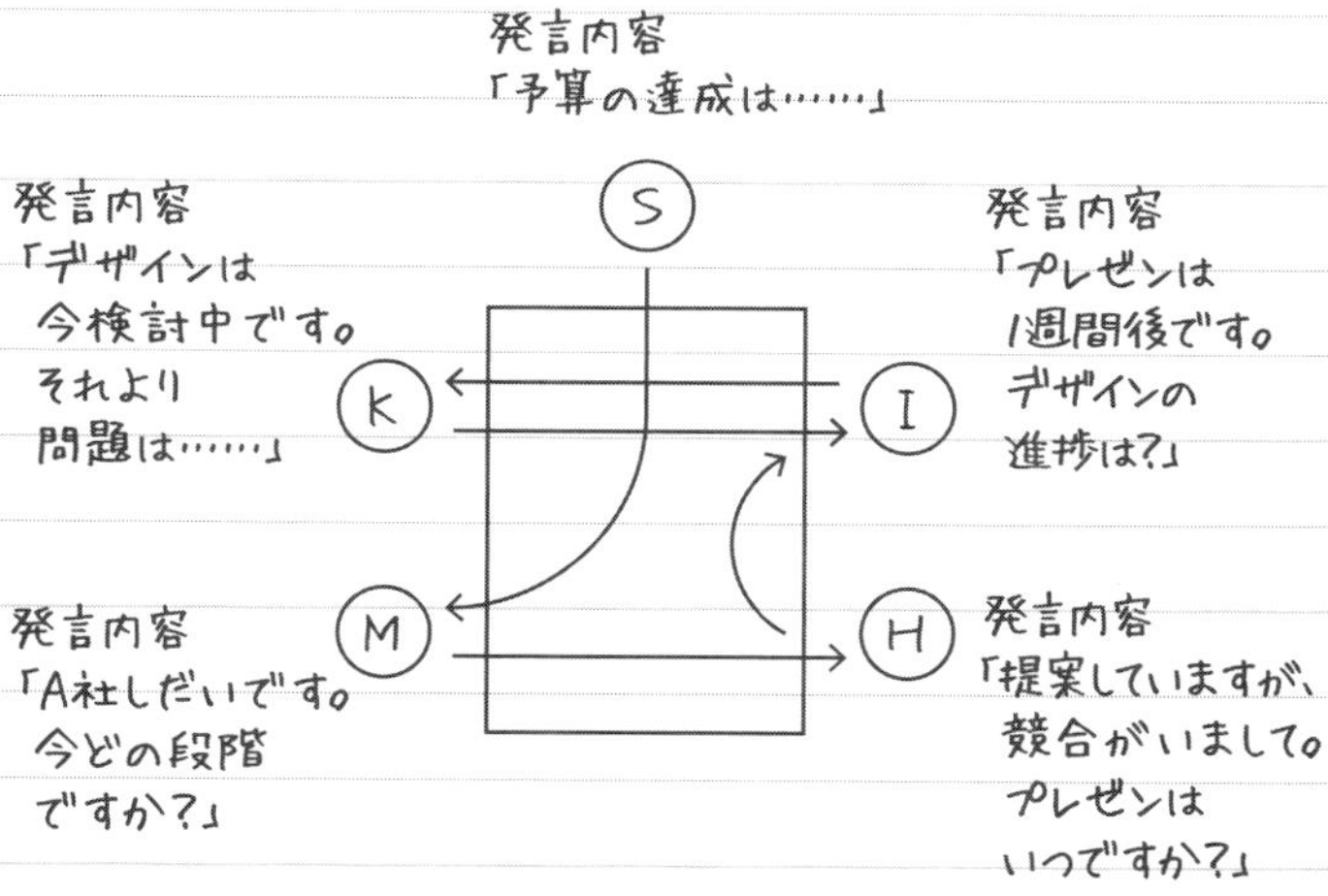

ディスカッションをする五人と、それをまわりで見る五人に分かれて、会議を評価するのです。

ディスカッションする人間は、どうしても文脈に引きずられて話をしますが、外からそれを見ている人間は、図化することで相互関係が見えています。「今、この発言で、こんなふうに文脈が変わった」と、流れを把握していきます。

そしてディスカッションの終了後に、外から見ていた五人に、「生産的な問いを発した人は誰だったか」などを評価してもらいます。このようにして、議論では外からの目を持ち続ける大切さを学んでもらうのです。

私は受験勉強をしていた頃から、この図化の力を借りていました。それが結果的に複線思考を身につける訓練にもなったと思っているのですが、その方法とは**図化と文章化を繰り返す**ことです。

世界史や日本史を勉強するとき、教科書の見開きに書かれていることを、ルーズリーフに一枚ずつ図にします。これをするとひじょうにスムーズに理解が進みました。そしてそのあとは、ルーズリーフ一枚の図を見ながら、文章にして言葉だけで説明してみる。図化と逆のプロセスで文章化を行うのです。文章には文章の良さがあり、図には図の良さがあります。これを二つ組み合わせて、完全な理解ができたのです。

いまも学生に課題を提出させるときには、「図をつけて、文章で説明もするように」と言います。すると、文系の学生も図を書くし、理系の学生も丁寧に文章で説明ができるようになるのです。

状況を整理したり、文脈を把握したりするために、ぜひ図化のテクニックを利用してもらいたいと思います。

セルフチェックシート④　こうすれば俯瞰する力が身につく

- □「部分を見る目」と「全体を見る目」を持つ。
- □ 期限と目的を明確にして逆算思考で仕事する。
- □ 念のために用意しておく資料を減らす。
  完璧主義よりスピード重視で提出する。
- □ アバウトでいい、6割で合格と決める。
- □ 類推を利かせて仕事を早く覚える。
  そのために先輩や上司の仕事を見てポイントを書き出す。
- □ 仕事の段取りを見抜く。
- □ メイキングに興味を持つ。
- □ チーム内で自分が感じるストレスを表明する。
- □ ローテーション方式で仕事をする、読書をする。
- □ チーム内で誰が何を得意にしていて、
  何が苦手かを明確にする。
- □ プロデューサー的な見方・役割を意識する。
- □ 図化と文章化を繰り返す。

今すぐできること

- 自分とは異なる業界の仕事を取り上げたメイキングビデオを観て、工夫していた点を列挙する。
- 仕事のストレスはチームのメンバーで共有し、対処する。
- 本や録画した映画は、少しずつローテーションで楽しむ。
- 複数の仕事をローテーションする。飽きたら次の仕事へと休みなく変えていく。
- 本は買ったその日に三〇分ほど開いて、人に説明できるレベルまで要旨をつかんでおく。
- トラブルが発覚したら、すぐに電話で謝罪する。
- 遅刻することがわかった時点で連絡を入れる。
- 会議では人の配置を図にして議論の流れを書き込んでいき、俯瞰した捉え方を養う。
- 会議で必要な資料がなくても、その場で、ウェブで探す。
- 勉強するときには、まず書かれていることを図にして、今度は逆に、その図を見て文章を書く。

5

複線思考術4

「直感」と「論理」を合わせる

複線思考

一流プレイヤーは「直感」と「論理」を合わせる

大舞台で活躍している人は、なぜプレッシャーに屈することなく力を発揮できるのでしょうか。「天才だから」で片付けるのは簡単ですが、実はここにも複線思考が深く関係しています。

将棋棋士の羽生善治さんは、いつも将棋盤のどこに一手を指すべきか、直感的に見えているそうです。

勝負の場面では、時間的な猶予があまりない。論理的な思考を構築していたのでは時間がかかりすぎる。そこで思考の過程を事細かく緻密に理論づけることなく、流れの中で「これしかない」という判断をする。そのためには、堆《うずたか》く積まれた思考の束から、最善手を導き出すことが必要となる。直感は、この導き出しを日常的に行うことによって、脳の回路が鍛えられ、修練されていった結果であろう。

将棋を通して私は、それが羅針盤のようなものだと考えるようになった。航海中に嵐に直面した。どのルート（指し手）をとればいいのか分からない。そのとき、突如として二、三のルートがひらめくことがある。これが直感だ。

（羽生善治『直感力』PHP新書）

一方、私が直感で将棋を指すとどうなるでしょうか。コンピューターと対戦すると一瞬で負けてしまいます。私の直感は、**直感を導くための裏付けとなる「データベース」**が圧倒的に不足しているからです。これだと直感は単なる「勘」にすぎず、当てになりません。**勝負どころの直感とは、そこにどれだけ経験知から導かれた論理が含まれているかが肝心**なのです。羽生さんは、次のようにも書いています。

直感が合っているケースも少なくはないが、それと同時に一歩ずつ、着実に積み重ねる作業、まさに地べたを這うような泥臭い粘りも経験しなければならない。それは時には、コンピュータも行うようなデータの集積であったり、一縷《いちる》の可能性を信じて砂場から砂金を探すような一つひとつの検証であったりもするだろう。創造性と情報処理能力——感性とロジカルの両方を兼ね備えてバランスをとることが必要なのだ。

（前掲書）

「感性とロジカルの両方」、つまり一手を指す判断には、直感と論理の両方が必要となってくるのです。

これは、行動経済学の**「ファストシンキング」**と**「スローシンキング」**にとても近い考え方です。ファストシンキングは、不正確だけれど速い直感的な思考のこと。スローシンキングは、直感が本当に正しいのか裏付けをとるような論理的な思考のことです。この二つの思考は同じ人間の脳の機能でも、その使い方が大きく異なります。両方を組み合わせることで、正確な判断ができる。直感と論理の両方を使う複線思考なのです。

ノーベル経済学賞を受賞した心理学者・行動経済学者であるダニエル・カーネマンの『ファスト&スロー』という本では、速い思考を「システム1」、遅い思考を「システム2」と名づけています。怒っている人の写真を見て、写真の人物が「何かに怒っている」と気づくことを速い思考、たとえば「17×24」のかけ算の答えを計算して導くことを遅い思考の例として挙げています。

・「システム1」は自動的に高速で働き、努力はまったく不要か、必要であってもわずかである。また、自分のほうからコントロールしている感覚は一切ない。
・「システム2」は、複雑な計算など頭を使わなければできない困難な知的活動にしかるべき注意を割り当てる。

（ダニエル・カーネマン『ファスト&スロー』村井章子訳　早川書房）

意思決定をするときには、この二つの思考が大きく関わっています。しかも的確な判断をするには、これらのバランスがとれている必要があります。システム2の遅い思考のほうが強く、支配力を持ってきてしまうと、システム1の速い思考をつぶしてしまいます。よく、**論理的な説明ばかりして、発想力や直感力がないタイプがいますが、そういう人は直感をできるだけ活用する**必要がある。

しかし、システム1は直感的だから、ときに暴走することもあります。それをシステム2の分析的な遅い思考でブレーキをかけ、コントロールするのです。

二つの思考には、良い点もあれば、悪い点もあります。たとえば、システム1には直感的に本質を捉える力、スピード感があっても、偏見や思い込みに左右されがちです。

普通私たちは「ファストシンキング」と「スローシンキング」を分けて考えません

これだけ！整理ノート⑩

ファストシンキングとスローシンキング

ファストシンキング → スローシンキング

・直感的に決める思考 ← ・論理的に検証する思考

二通りの思考を一体化させる往復が大事！

（羽生善治氏の場合）

将棋盤のどこに一手を指すべきか、直感的に見える ⇄ 直感のまま指すのではなく、その直感が正しいかを考えるが、『ファスト&スロー』は、二つの思考のどちらが働いているか、しっかりと意識する練習をすることを提案しています。これは複線思考の典型的な応用です。ファストシンキング、スローシンキング、今どっちが働いているのかをしっかり意識することで、二つがうまく補い合って、判断力が増すのです。

たとえば、何かを判断するときに直感的に「A」と思ったら、知識や経験と照らし合わせ、もう一度「A」で間違いがないか考えてみる。このように二通りの思考を一体化することができれば、より正確な判断ができるようになります。ぜひ二つの思考を組み合わせて失敗のない判断をしてほしいと思います。

主観とデータをセットにすると相手の心に響く

論理的な検証のためにぜひ知っておいてもらいたいのが、**統計的なデータと併せて考えること**です。

たとえば「昭和はいい時代だったけれど、最近は物騒な世のなかになって怖いですよね」という発言があったとします。しかし、統計的に見れば年々、凶悪犯罪は減少している。むしろ昭和のほうがいまよりも犯罪が多く、物騒な世のなかでした。

感覚だけに頼って発言すると、間違ってしまうことがあります。このとき、データは客観的な視点を与えてくれるのです。主観で考えたことに対しては、つねに「データで見てみよう」と意識していくことが必要です。ものごとを考えるときには、主観と客観的なデータがセットになっているべきなのです。私も発言するときには統計的なデータをふまえるように気をつけています。

統計的なデータのほかに、**「自分の経験」も客観的な視点として使う**ことができます。直感で「こうしよう」と思ったことに対して、自分の過去の経験と照らし合わせて本当にそれでいいかと検証するのです。

人生には判断を迫られる局面が何度も訪れます。そういったときには、一歩立ち止まって、客観的なデータを重視することで、単線的な発想、つまり思い込みから抜け出すことができます。データ的な思考がベースにあれば、直感的には右に行くような場合にも、立ち止まって、左に行こうと判断できる。判断の誤りを正してくれます。

これは先ほど紹介した「スローシンキング」と「ファストシンキング」のスローシンキングとして使えます。**右手に「直感（ファストシンキング）」、左手に「データや経験による検証（スローシンキング）」、その両手でしっかり現実をつかむ、**というイメージです。右利きでも左利きでもなく**「両利き」**になるのです。両方を備えた「統計的な直感

これだけ！
整理ノート⑪

統計的な直感力を身につける

データ的な思考
・統計
・自分の経験

直感力
・主観的な感覚

両方備えた「両利き」になる！

力」を身につけましょう。

統計的なデータは、そのセレクトの仕方も重要になってきます。データはいくらでも採りようがあって、どのデータを採用し、どう切り取るか、どこに注目するかによっても受け取り方が変わってきます。その時々の文脈に沿ったデータを選び取る力も大切なのです。

ただし、仕事でデータを使う場合には、データだけでなく主観もセットにすることを忘れないでください。プレゼンを聞いていると、主観を入れずにデータだけ示す人が意外に多いものです。「マーケットはこうなっています。だからこうなります」というわけです。たしかにデータを使ってはいるけれど、それだけでは相手の心に響くものにはなりません。ものごとを他人事として捉えているようにすら感じてしまいます。これも一種の単線思考と言えるでしょう。

経験知が余裕のパフォーマンスを生む

スポーツやライブ空間などでも、直感と論理を同時一体化させた、瞬間的な判断が行われています。

たとえばサッカーでパスを出すときは、相手からのプレッシャーを受けながら、選手は瞬時にパスコースを見つけなければいけません。普通の選手ならひとつのパスコースが見えたらそこにボールを出してしまうので、相手にすぐに読まれています。しかし優れた選手は、複数の選択肢を見つけ出し、そのなかからベストなパスコースを選ぶことができるのです。

なかでもリオネル・メッシ選手がいるFCバルセロナは、世界一美しいパスサッカーを行うチームとして有名です。相手チームのディフェンスの選手が何人いようと、その狭いスペースを余裕のパス回しで突破して、ゲームを支配してしまいます。このクラブは、小学生も中高生もプロも同じ練習をすることで知られています。プロと同じパターン練習を幼少時から繰り返すのです。

たとえば「ロンド」という練習があります。何人かで円をつくり、そのなかに鬼を二人ほど入れます。選手は鬼にボールをとられないようにパスをまわしていくのです。単純な練習ですが、ボールを受け取るときに瞬時に次のパスコースを見つけ、ワンタッチでパスを出す訓練になります。

幼い頃からこの練習を行うことで経験知が積み重なります。だからどんなときにでも選択肢をたくさん見つけ出し、的確なパスを余裕でつなぐことができるのでしょう。

サッカーの元イタリア代表フォワード、フィリッポ・インザーギ選手は、ゴール前のこぼれ球で得点することを得意としていた選手です。これはもちろん偶然が重なったわけではなく、誰かがシュートを打ったときには、ゴールキーパーがボールをはじきそうなところを判断して、ディフェンスの選手たちの裏をついて動いていたからです。

インザーギ選手はインタビュー（「SPORTS Yeah!」二〇〇三年一月二九日）で、ゴールへの嗅覚をどうやって磨いたのかと訊かれ、「直感的なことだから、他人に教えられるようなものじゃない」と言いながらも、「マークを外したりスペースを作ったりする動きがすごく重要だ」「どんどん動き回ってマークを外してボールを受けようと試み続けるのが好きなんだ」と語っています。

マークを外す動きを繰り返すことで、**チャレンジの回数も増え、自ずと経験知が増えていく**のです。そして、嗅覚も研ぎ澄まされていく。嗅覚という感覚的なものも、どう動けばいいかの論理によって支えられているのです。

ミュージシャンのライブも似ているところがあります。

ジャズピアニストの上原ひろみさんは、即興的な演奏の達人です。ライブ空間のなかで次々に生まれてくる感覚を即興的に表現し、観客を惹き付けます。ほかのミュージシャンとの掛け合いでは、相手がリズムを変えてきたら、それに合わせて自分も変幻自在にアレンジして音楽を生み出す。相手から何が飛んでくるかわからない状況でも、その日限りの素晴らしい演奏を披露します。

上原さんは六歳でピアノを習いはじめると同時に作曲も学びます。そして、ボストンにある名門バークリー音楽大学へ留学します。ものすごい才能があるのはもちろんですが、小さな頃からの練習でパターンが身についているから、即座に応用できるのです。パターンを多く身につけているほど、自由な演奏ができるというわけです。

決められた筋書きのない、即興的な音楽のライブやスポーツの世界では、練習で身につけた基礎力と経験知が直感と一体化し、きらめくようなパフォーマンスを生み出しています。

自分のなかに明確なルールを持てば強くなれる

経験知を積み重ねていくうちに、その人の行動や考えにルールができます。**自分のなかに絶対的なルールを持てた人は、ブレることがないため信頼を得やすく、仕事も人間関係もうまくいきます。**

たとえば萩本欽一さんは、絶対に人を傷つけるようなことは言わないと決めているそうです。萩本さんは一九七〇年代の大人気テレビ番組「スター誕生!」の司会をしていましたが、以前新聞でご本人がその頃の思い出を書かれている記事を読みました。

当時の萩本さんは破れかぶれな気持ちになっていて、思ったことは深く考えずにどんどん口に出していたのだそうです。それで、当時中学生の森昌子さんが番組に出演したときに、髪型をギャグにした。すると森昌子さんは黙ってしまった。その表情を見て、萩本さんは本当にまずかったと思ったそうです。それ以来、ギャグを言うにしても、人を傷つけることは絶対に言わないと心に決めたといいます。

スタ誕からの歌手第1号は森昌子ちゃん。「せんせい」でデビューした彼女を僕は「先生」と呼ぶ。歌手になって初めてゲストで来てくれたとき、短い髪の彼女に「束子《たわし》みたいな髪だね」と冗談を言っちゃったら、昌子ちゃんは黙ったまま固まった。

まだ中学生の女の子が悲しそうな顔をするのは当たり前。僕は人を傷付けるギャグはこれから一切言わないと誓った。だから昌子ちゃんは先生なのだ。

（日本経済新聞「私の履歴書」二〇一四年一二月二二日付）

そういわれてみると、たしかに萩本さんはたくさんの番組に出演されていますが、人が傷つくような笑いは記憶にありません。やはり、あの出来事を境に「人を傷つけない」というルールを徹底されたのでしょう。

長嶋茂雄さんの解説を聞いても、選手を貶めるようなコメントは一切ありません。これもおそらく長嶋さんが明確なルールをお持ちだからなのではないかと思っています。

ルールを作るということは、自分の意識のなかに「決まりごと」という新しい線路を一本敷くことになります。**ルールを設ける複線思考によって、どんな場面でもブレずに**

的確な対処をすることができるのです。

さらに、相手がどんなルールのもとに生きている人間なのかを理解できれば、その人間関係はきわめて楽になると思います。たとえば辛口な人が苦手だと思っていたとしても、「それがあの人のルールだ」と思えば納得することができ、苦手意識が薄れるのではないでしょうか。

厳しくてもフェアなら人は離れない

ルールが一貫している人は、フェアな人ということでもあります。**一貫性がある人は、まわりにとってわかりやすい存在で、仕事もしやすい**のです。

これは、人だけでなく企業や学校も同じです。ルールが明確であれば、関わるほうの人間も覚悟ができます。大学であれば「こういう方針の大学です」と明確に打ち出してしまえば、まわりも覚悟を持ち、方針を受け入れた人だけが入学してくるようになります。いまブラック企業の存在が問題になっていますが、ルールを提示してそこに偽りがなければ、ほんとうに「ブラック」と言われる企業はずいぶんと減ると思うのです。

以前私が出演していたＴＢＳ系のテレビ番組「あさチャン！」のゲストに、シンクロナイズドスイミングのコーチの井村雅代さんが来てくださったことがあります。井村さんも「結果の出ないプロセスには何の価値もない」と言い切ってルールを明確にされています。「結果が出て、はじめてそのプロセスに意味があると実感できる。だから何としてもメダルを取らせてあげたい。そのために自分も責任を負う」。この姿勢を貫いています。

井村さんの結果を出すためのプロセスというのは、とにかく基礎体力をつけること。一日十何時間もひたすらトレーニングをするという、ほかのスポーツ選手が聞いたらひっくり返るくらいの厳しさです。井村さんはそれを**「一ミリの努力」**とおっしゃいます。

たとえば、垂直跳びで四〇センチ跳べる選手がいたとすると、「三ヵ月後に五〇センチ跳べるようにしろ」と言われても、意外に人は努力をしないものです。でも、明日はプラス一ミリ高く跳べるようになりなさい、と言うと人は努力ができる。だから一ミリずつ目標を上げて、つねに現実を見て厳しく向き合っていく。そのくらいギリギリの厳しさがないと、本当の自信もつかないし、本当の勝負はできない。

井村さんは二〇〇六年に中国代表チームのヘッドコーチに就任されましたが、中国にいたとき選手との間にこんなことがありました。選手が残したご飯をこっそり捨てていることに気づき、猛烈に怒ったそうなのです。嘘をついてご飯を捨てていた選手、それを知っていながら「知らなかった」と嘘をついた周りの選手に対し「私はどうしてもあなたたちが許せない。今日はどうしても練習する気になれない」と言って宿舎に帰ってしまったそうです。

選手と向き合うとき、一番大事なのは、国の違いなんか関係なく「心が通じ合う」ことなんですね。私の「思い」がどこまで通じているか、ということなの。そして、通じ合うためには、自分が嫌われることを怖れては駄目。自分が「NO」なことには、はっきり「NO」と言って、「あぁ、先生はこういうことが嫌いなんだ」とわかってもらうことが大事だし、わかってもらうためには、嫌われる勇気が必要なんです。

私は、何処に行っても、嫌われることを怖れず、まず「わかりやすい指導者」になりたいと思っています。

（井村雅代『教える力 私はなぜ中国チームのコーチになったのか』新潮社）

こういった井村さんのルールは厳しいけれど、明確です。だから選手も離れないし、

「井村先生に教わってよかった」と慕われるのです。

もしかすると、厳しいルールはいまの時代には逆行するものかもしれません。大学もさまざまな入試方法が増えて、ゆるくなっていますし、社会もある種ゆるい傾向にある。しかし、国際社会の競争はその逆で、厳しくなっています。

ゆるさと厳しさのバランスが求められているのです。ゆるいルールを持つ人や組織がある一方で、厳しいルールを持つ人や組織があっていい。いろいろなルールが存在し、それらがまわりにとってわかりやすく示されていることが重要です。

セルフチェックシート⑤　直感と論理を合わせて判断できるようになるには

- □ 直感の正しさを裏付けるデータベースを持つ。
- □ 論理的な説明が多い人は、あえて直感を活用する。
- □ データと直感を組み合わせる。
- □ 恐れずチャレンジをして、経験知を積み重ねる。
- □ 練習はやはり必要。
- □ 自分のなかに明確なルールを持つ。
- □ ルールを持つ人は周囲から理解されやすい。
- □ 言動に一貫性を保つ。

今すぐできること

- 直感（ファストシンキング）と、これまでの経験や客観的なデータ（スローシンキング）を組み合わせて判断をする。
- ファストシンキング、スローシンキングのどちらの思考が働いているかをしっかりと意識しながら考える。
- 判断をするときには、必ず統計的なデータを参考にする。
- プレゼンでは、データを示すだけではなく、主観もセットにして提案する。
- 自分の経験をデータとして蓄積し、忘れないようにする。
- 自分の経験からルール化できるものはないか探す。
- 周囲の人がどんなルールを持っているかを想像する。

6

複線思考術5

「現実」に「問い」をぶつける複線思考

優れた問いが偉大な発想を生む

疑問を持つということは、複線思考を深めるための重要な鍵を握っています。問いを立てることができなければ、そこから考えることも、それを解くこともできません。

たとえばもし、「なぜものは落ちるのか」と疑問に思う人がいれば、ニュートンが「万有引力の法則」を発見する前に、世紀の大発見が生まれていたかもしれません。でも、ニュートン以前にものが落ちることを疑問に思う人がいなかった。私は問いを考えられる人こそが偉いと思っています。

作家の村上春樹さんのインタビュー集『夢を見るために毎朝僕は目覚めるのです』(文春文庫)で、「文学史の中で、出版されるべきではなかったと思われる本はありますか?」というロシアの読者からの質問に対して、村上さんは次のような回答をしています。

「とても面白い質問で、そんな質問をされたのは生まれて初めてです。ちょっと考えてみたいのですが、僕がこれまでに読んだ中では、そういう『出版されるべきではなかった』という本は、一冊も思いつきませんでした。つまらない、くだらない、価値がない、と思った本はもちろん少なからずあったけれど、そういうものは時間の経過とともに、自然に忘れられていくものだし、あえて『出版すべきではない』というふうには思いません」

村上さんははじめての質問を「とても面白い」と捉えています。

このように、**自分が考えてもいなかった質問をされると、思考が活性化する**ことがあります。質問によって生まれる新しい文脈に刺激されるのです。

講演会などでも、聴講している方から、講演者にも意味があり、その場にいるみんなが触発されるような生産的な質問が飛び出すことがあります。そんなときほど話題が深まっていきます。

現実を現実として受け入れるのではなく、それに疑問を持てるかどうか。**現実を認識する線路と、現実に疑問を持つ線路に同時に列車を走らせること。**現実に疑問をぶつけることで、新しい発想を生むことができるのです。

吉田松陰の松下村塾でも、松陰が塾生に教えを説くような授業ではなく、ディスカッション形式による授業が行われていました。たとえば『孟子』を全員で読んだうえで、日本の状況を鑑《かんが》みて「ではどうすればいいか」と問題提起した。それで全員で議論を行ったようなのです。もちろんそこに解答があるわけではありません。問いを立てながら、何が問題なのかをはっきりさせていく、そんな授業が行われていました。

海原徹『吉田松陰と松下村塾』（ミネルヴァ書房）によると、安政五（一八五八）年三月二〇日、鎖国攘夷主義の朝廷によって「日米通商条約締結について再度衆議をつくせ」という趣旨の勅諭が出ると、松陰はすぐに、「村塾策問一道」を作って塾生に問いかけ、意見を聞いたと紹介されています。

策問とは、問題を出して、意見を答えさせることです。ちなみにこのときの策問は塾内で印刷され、塾外の人にも配られたそうです。「たんなる学生のレポートの類いではない。策問を通して知友の決心の如何を問う、それはとりもなおさず、真の同志を確認する有効な手段に他ならなかったからである」。この時代、問いに対する塾生の答えは、大きな意味を持っていたと言えるでしょう。

それから一五〇年以上経った現在の日本の教育も、「問いを立てる」ことに重点が置かれるようになってきています。問いを立てる能力を測ることができるＰＩＳＡ（学習到達度調査）という国際的な学力の比較調査があり、日本の学力観も変わりはじめています。暗記すれば満点がとれるというテストは過去のものとなりつつあるのです。

アクティブに聞けば「本気の質問」を出せる

では、優れた問いを立てるにはどうすればいいのでしょうか。まず現実をしっかりと認識することが重要です。会話であれば、**相手の話をしっかりと「アクティブ」に聞く**ことが出発点です。

私は、全員発表方式の授業をよく行います。学生が四〇人いたとすると、一人が発表したら、直後に全員がその発表について必ずコメントを言うのです。一人がコメントしたらすぐ次、次、と瞬時にコメントを言っていくようにします。

これを繰り返していくと、学生もコメントを用意する習慣が身につきます。必ずコメントを言わなければいけないので、注意深く聞くようになり、「発言の肝は何だろう、エッセンスは何だろう」と、聞く意識がひじょうにアクティブになります。受動的な聞き方をしなくなるのです。

会社の会議でも、ただあいづちを打ったり、議事録をとったりするだけの人がいますが、そういう人ばかりでは有意義な会議にはなりません。出席者の発言をアクティブに聞いて、的確な問いをどんどん投げかけることで、会議は生産的になっていきます。問いを出せる人は、新しい発想を生み出せるとともに、会議においては優れたファシリテーター（進行役）になっていくわけです。

問いはとにかくメモしておきましょう。回答が得られるかどうかはひとまず置いておいて、自分のなかに湧いた疑問をどんどん書き留めておきます。たくさん出すことで質問の精度が高くなるからです。相手の話を漫然と聞くのではなく、**相手の話を聞きながら心のなかで「なぜ？」と疑問をぶつけながら聞いていけば、相手の話をよりアクティブに受け止める**ことができます。

相手の説明がひととおりすんだところで、その文脈に沿ったベストな質問をセレクトします。ここで質問を挟むと相手の思考の流れを止めてしまうなと思えば、まだ質問はしません。「いまの文脈から外れたから、この質問を無理してするのはやめておこう」と考えて、用意した質問を取りやめることもあります。**限られた時間のなかで、より生産的な話が引き出せるように、そのパスとして質問を出していく**イメージです。

相手が話す内容の文脈をおさえる脳の働きと、自分の疑問によって生まれる新しい文脈。それが新しい発想を生む複線思考です。二本の線路に列車を走らせながら、流れ行く相手の文脈列車に沿って、自分の疑問を挟んでいきます。すると、精度の高い質問をすることができます。会話も途切れることがありません。

そうやって問いを繰り出せば、相手も、「よく聞いてくれた」「本気の質問だな」と嬉しくなるはずです。受け身で聞くよりもはるかに有意義な時間が生まれるはずです。

「ものづくりニッポン」をやめてみるという発想

これからの時代では、ないものをどう現実化させていくのか、ないものを組み合わせていくと何ができるだろうか。そういう新たな発想を生むために頭を使っていかなければいけないと思います。

日本は長く「ものづくり」の力で発展してきました。しかし、私は「ものづくりニッポン」にこだわり続ける風潮には違和感を抱いています。「ものづくりニッポン」と繰り返すことで思考が止まり、単線思考に陥ってしまいます。

職人技はもちろん大切です。しかし、伝統にのみ意識が向かうと、懐古的になりすぎて、時代の求めるものから気がつかないうちにずれが生じてくるのではないかと思っています。そこばかりにこだわっていては、日本はどんどん遅れをとってしまうのではないでしょうか。

ないものを作り出す。新しい構造（プラットフォーム）自体を作らなければダメなので

す。まずそのような発想があって、結果としてその新しいアイデアを形にする「ものづくり」につながっていくべきだと思っています。

日本が近代化に成功したのは、明治維新で新しいシステムの導入に成功したからです。しかし、それまでの武士道もひとつのシステムでした。ちょんまげを結って刀を持ったからといって武士にはなれません。「武士らしい」体系的な行動が武士を武士たらしめたのです。

これと同じように、近代的な工場を持ってきただけでは、近代化したとは言えません。渋沢栄一が銀行のシステムを根付かせ、伊藤博文が憲法や議院内閣制というシステムを取り入れた。これらを導入したからこそ近代国家が成功したのです。福沢諭吉はこのことに気づき、民主主義もまたシステムだということを知った。日本はモノが足りないのではなく、根本的な考え方が足りないと感じたため、『学問のすすめ』を書いたのです。

一生懸命にやるべきは、普通の生活に役に立つ実学である。たとえば、いろは四十七文字を習って、手紙の言葉や帳簿の付け方、そろばんの稽古や天秤の取り扱い方などを身につけることをはじめとして、学ぶべきことは非常に多い。（中略）それぞれの学問では事実を押さえて、物事の性質を客観的に見極め、物事の道理をつかまえて、いま現在必要な目的を達成すべきである。

（福澤諭吉『現代語訳 学問のすすめ』齋藤孝訳　ちくま新書）

『学問のすすめ』は、日本人は人に対して自己を表現する演説力や実学が足りない。論理的な考え方が足りない。モノではなく独立の精神が大切だと説いています。

いくらたくさん近代的な建物が建ったとしても、システムを導入していなければ発展途上国にすぎないと、近代国家を整えた明治の先人は気づいていたわけです。

いまの日本に求められているのは、「ものづくり」の技術を磨くよりも、システムを作ったりプラットフォームを作ったり、新しい知識を生み出したりできることだと私は考えます。システム的な発想力が求められているのです。

明治維新がそうだったように、日本は新しいシステムを開発する力を持っています。日本はいま、**システム的な発想が苦手なのではなくて、システムに対する評価が低い**のです。

日本は台湾に新幹線を輸出しましたが、列車や線路などハードの部分だけを輸出してもうまくいきません。正確な運用というソフト部分のシステムが優れているからこその新幹線です。ものだけ持っていっても、日本の新幹線にはならない。

海外のODA（政府開発援助）にしても、それを運用したり発展させたりできる人間がいなければ、システム自体は根付きません。さらに言えば、そのシステムを運用し、自国の体制に合わせてブラッシュアップさせる人間がいなければいけません。ハードと同等に、ハードを運用するシステムに目を向けてほしいと思います。

グーグルは、ITインフラの開発により、「新しいルールを作ったものが勝ち」という基準を世界に示しました。いまの「ものづくりニッポン」の発想からだけでは、グーグルが現代世界を席巻しているような創造は生まれないだろうと思うのです。その発想力、構想力を日本もどんどん吸収していく必要があるはずです。日本がこれから生き残っていくためには、どうやって新しいシステムを作っていくか。ないものを創造する力がきわめて重要になってきます。

エジソンとアインシュタインの共通点を実践しよう

新しい発想を引き出すためには、メモがいかに重要なのかということを裏付けるエピソードをご紹介します。エジソンとアインシュタインにはある共通点がありました。それは**二人とも膨大なメモを書いた**ことなのです。エジソンについては、いまだに整理し尽くせないほどのメモが残っています。

> 彼は幼い頃から、日記帳を手放さないメモ魔であった。彼が残したメモの類は五百万枚という膨大な量で、その整理・分類・解析が国家プロジェクトとして一九七八年から始まったが、その完成は早くて二〇一五年と言われるほど。（中略）食事の最中や会話の途中、あるいは寝ている夢の中などで、湧き上がってくる考えを、その場でせっせとメモしていた。積もり積もって大学ノートで三千五百冊にもなっている。それ以外の手紙や走り書きの類を入れると更に膨大な量になる。
>
> （浜田和幸『快人エジソン』日経ビジネス人文庫）

いかにクリエイティビティとメモが結びついているかがよくわかります。

エジソンほどの頭脳を持っている天才でも、膨大なメモをとったのですから、普通の私たちがメモを残さないのは何事かと思うのです。メモを書くことで、ないものを生み出す新しい発想を得るきっかけとなります。思いつきはあらゆるときにやってきます。

ペンと紙を持ってすぐにそれを書き留めるのです。何かアイデアを湧かせるときは、白い紙に自由に書いていくのがいい。私もそういう紙をいつも持ち歩いています。メモでは想像力を思い切り自由に羽ばたかせることが大切です。何の制約にも囚われず、「こんなものがあったらいいな」という、ドラえもん的な発想で想像力を膨らませていくのです。

いまは常識だと思っていることも、それを思いついた誰かのアイデアの上に成り立っています。その人の想像力から生まれています。メモに「問い」を書き溜めているうちに、後の常識をつくる、画期的なアイデアが生まれるかもしれません。

一人で黙々とメモをとっていると行き詰まってしまうこともあるので、**誰かと対話しながら、メモをしてもいいでしょう。**相手と言葉を交わすことで触発されて、アイデアが出やすくなるかもしれません。

『エジソン　20世紀を発明した男』（ニール・ボールドウィン　椿正晴訳　三田出版会）という本では、「新しい機械の構想を記したメモはエジソンの想像力の記録であり、断片的でわかりにくいのだが、それを補ったのがバチェラーの丸みを帯びた、碑文を思わせるような文面だった」とあります。エジソンのメモには、共同制作者のバチェラーの文字も残っています。二人でメモを書き触発しあいながら、新しい発明が生まれていったのかもしれません。

想像を現実化させる意志と力

自由な想像で展開する「羽ばたきの思考」があれば、それを根付かせるプロセスも必要となります。**思考が宙を舞っている段階から、次には想像を現実化していく**のです。

アップルの創業者、スティーブ・ジョブズは完成品に対する確固たるイメージを持ち、技術的にどれだけ難しくても「このデザインでなければダメだ」と強硬に主張を貫くことで次々と新しい製品を現実化させていきました。

ジョブズの評伝（ウォルター・アイザックソン『スティーブ・ジョブズ1』井口耕二訳 講談社）によれば、まだ創業間もない頃、親しみやすいコンピューターを生み出すことにこだわっていた彼は、スクリーンに表示される描画を角を丸くした長方形にするようエンジニアに強く求めました。

エンジニアのビル・アトキンソンは円や楕円のかたちは開発していましたが、角の丸い長方形は技術的にも困難だったため「そこまでする必要はない」と答えたそうです。するとジョブズは「角を丸めた長方形はそこいらじゅうにあるんだぞ！ この部屋を見てみろ！」と、ホワイトボードなど角の丸い長方形のものを次々と指差し、さらには、「外に出ればもっとたくさんある。どこを見てもあるくらいだ！」とアトキンソンを外に連れ出して、広告や道路標識などを指差していったのです。そんなジョブズの剣幕に降参して、アトキンソンはどうにかプログラムを完成させたというのです。

いま私たちが、アイフォーンのアプリのアイコンなどで普通に見ている角が丸い四角形のデザインは、ジョブズのイメージを現実化させる意志と力があったからこそ生まれたものなのです。

「雑さ」が「精緻さ」を超える

アイデアを生み出すため、紙に自由にメモをすること。このときの**手書きのルーズさ**というものは、いまの時代に求められているように感じます。

同じ人が同じ文字を一〇〇回書いたとしても、微細に見ればすべて違ってきます。そういう手のルーズさが私たちに安らぎを与えるのだと思います。

最近ですと、その典型が「ふなっしー」ではないでしょうか。

まるで落書きから飛び出したかのような「雑さ加減」がすごい。まさにあり合わせのものを作ったような、適当感がすごくあるのです。それでも、キャラクターの売り上げだとトップクラスになるのです。ディズニーによって精緻な戦略のもとに生み出された「アナと雪の女王」が、あのようなメガヒットにつながった一方で、個人の考えたゆいキャラクターが、とんでもない商業効果を生むというのが面白い。

サンリオにも「ぐでたま」というキャラクターがあるのですが、それも大変ヒットしているようです。卵が「もう帰りたい」「個性ってなに？」などとつぶやくのです。その名のとおり、いつも「ぐでっ」としているキャラクターです。聞くところによると、それはサンリオの二〇代の女性社員が、時間のあるときに四コマ漫画を描きながら考えたものなのだそうです。これも個人の感覚です。

こうしたキャラクターの手作り感や突き抜け感が、時代に求められている。遊び心やゆるやかさ、「雑」な加減が、人の心を動かすことがあるのです。

慣れたもの、決まりきったものに照準を合わせるな

いま、私が心配しているのが、文化にも「自国中心的な単線思考」が広がっているのではないかということです。たとえば小説でも、海外小説を読む率が減っているようで

す。海外の翻訳物を読みにくいと感じる若い人が増えていて、ロシア文学であれば「ソーニャ」「ソーネチカ」など同じ人物でもいくつも名前が出てきてまぎらわしい、翻訳の文体がぎこちないから読みづらいといった感想をよく聞きます。

たとえそういった障壁があったとしても、海外小説の楽しさは、そのジャングルに入り込んで、そこにしかない世界観を味わうことです。セルバンテスの『ドン・キホーテ』やガルシア＝マルケスの『百年の孤独』などは、筋を追うよりは、混乱し錯綜した世界そのものが楽しいのです。そこを敬遠してしまうと、日本の見慣れた世界観だけに満足するようになってしまうと思います。

映画では、字幕で外国映画を観られない人が増えているようです。もちろん日本の吹き替え技術はひじょうにレベルが高いので、悪くないということはわかります。でも、テレビの吹き替えならまだしも、わざわざ映画館に行ってまで吹き替えを選ぶ人がいることに衝撃を受けました。映画館で吹き替えが増えたのも当然なのでしょう。

字幕制作の第一人者である翻訳家の戸田奈津子さんは、少しでも伝わりやすいようにと、大変な苦労をして字幕をつけているのだそうです。字幕なら役者さんの生の声を楽しめるし、字幕の楽しさをぜひ感じてほしいと思います。

画面で映像表現を味わいながら、視界の隅で文字を追ってストーリーを味わう。外国語と日本語を両方味わう。**その視野の広さにおいて字幕の外国映画はとても複線思考的**だと思います。字幕を追うということ自体が複線思考を鍛える訓練になるのです。

さまざまな時代の海外小説や海外の映画にたくさん触れることが、思考の幅や感覚の幅を広げてくれます。いまはユーチューブなどで全世界的に情報を共有できる状況も生まれています。あらゆる情報にアクセスできる環境にありながら、海外の名作や古典には触れていない。情報の優先順位が違うのではないでしょうか。自分の好きなものにしか触れない状況が続くと、それは知識のなさやアイデアのなさにつながっていくと思います。

一方、発想の豊かな人は、やはりいろいろなものを知っていて、一見つながりそうにないものをつなげていくことができる。**想像力、空想力の基礎になるのが、豊かな異世界に触れる経験をし、雑多にいろいろなものを知っていること**だと思うのです。

文化にも単線思考が蔓延すると、安直な方向へ行って、とくに深く考えられていないけれどもセオリーに則《のっと》った創作物ばかりが売れるようになるかもしれません。模倣に次ぐ模倣で、創作物はどんどん劣化してしまうでしょう。そうなれば似たような既視感の強い物語を、何度もなぞることになる。いまは物語の既視感が甚だしいと感じます。

Jポップのコード進行にも、この現象が顕著にあらわれているように感じます。以前お会いしたことのある音楽大学の先生が「日本の音楽はほとんど全部同じ作りですよ。こんな単純な仕掛けにだまされてはいけない」と憤っていたのが印象的でした。

かつて、レッド・ツェッペリン、ジェネシス、マイルス・デイヴィスらは、聴衆にとって違和感のあるものを次々に発表していました。誰もが聴衆をあっと言わせるような音楽的な実験を繰り返し、聴衆がそれに追いついていったのです。私はマイルス・デイヴィスのファンだったのですが、ファンでさえ「今度のアルバムはエレクトリックのほうにいったのか、きついなあ」と感じることもありました。それでも離れることなくミュージシャンについていった。

みんなが慣れているところに狙いを定めるのではなくて、最初は理解されないようなものを出しつつ、受け取る側の感覚を広げていく。そういうものが世界的な大ヒットをつくった時代もあったのです。その「開拓の時代」に比べて、現代の音楽シーンはどれだけその感覚を広げられているのでしょうか。この状況は文化的に豊かとは言えないのではないでしょうか。

スポーツの世界には勝ち負けがあり、レベルが明確なのでそのあたりの甘さはありません。ですからスポーツの世界で水準が下がるということはないのですが、文化は好みが分かれるものであり、評価を決定する人がいません。わかりやすいものを良しとする風潮のなかでは、そうではない作品が評価されにくくなっていきます。このままでは日本人の好きな、決まり切ったストーリーだけが反復されるのではないかと危惧しています。

セルフチェックシート⑥　発想力を持つには

- □ 現実をそのまま受け入れず、現実に対して問いを立てる。
  ファシリテーターのように、相手の発言をアクティブに聞いて、
  的確な問いを投げる。
- □ 問いはどんどんメモしておく。
- □ 相手から生産的な話を引き出せるように、
  パスとしての質問を出す。
- □ ないものをどう現実化させるかをいつも意識する。
- □ 思いつきはいつ来るかわからない。つねにメモする。
- □ つながらないものをつなげる。
- □ 自由な想像と同時に、
  想像を現実化するプロセスを認識する。
- □ 読書や映画を観るときは、
  あえて慣れない異世界に迷い込んでみる。
  （そうさせてくれるものを選ぶ）

今すぐできること

- ものごとに対して、つねに「なぜ？」と疑問を持つ。「なぜ？」「これはどういうこと？」といった疑問はすべてメモをしておく。
- 相手の発言に対するコメントをいつも用意する。
- ふとしたアイデアや疑問などは、白い紙に手書きでメモをとるようにする。一人でメモを書いてもいいが、ときには複数人で「こんなものがあったらいいな」と会話をしながらメモをしていく。
- 字幕つきの映画を観る。
- 海外の名作古典に触れる。

おわりに　「ものは考えよう」で、うまくいく

私たちはなぜ、ストレスを感じたりパニックを起こしたりするのでしょうか。

ほとんどの場合、原因となるのは感情の混乱です。このときに**複線思考がもたらす「理性」は、パニックに対処する最大の武器になります。**感情の混乱を理性で整理すれば、気持ちを落ち着かせることができるのです。

もっとも簡単に思考を複線化させ、理性を取り戻す方法は、現実に対して「ものは考えようだ」と唱えることです。

本書でご紹介したさまざまな複線思考術は、「ものは考えよう」と捉えることの、知的な実践法でもあります。

行き詰まりを感じたり迷ったりする局面で、ぜひ**「ものは考えようだ」と心のなかで唱えてください。**感情的になっている混乱の状態から冷静さを取り戻し、ものの見方を

変えることができるようになります。呼吸がふーっと楽になってきて、その状態でもう一度問題に対峙すれば、それまではほかの選択肢など考えられなかったのに、思わぬ抜け道が見つかるはずです。

複線思考は練習することでどんどん身についていきます。いま自分はどんな思考を行っているかを意識するだけでも、複線思考の感覚がわかってくるはずです。考えていることが直感によるものか、データをもとにした客観的なものか。どちらか一方でしか考えられていなかった場合は、もう一方の考え方を思い出すようにしましょう。思い出すことで、もうひとつの思考が機能しはじめます。ぜひ自覚を持って考えるクセをつけてほしいと思います。

思考を複線化させる場面は、日常のあらゆるところに存在します。ゲームをしているときも、裏技を探しながらゲームをすれば、「裏を読む」という複線思考が働きます。古くは中国の春秋時代の軍略家、孫子も相手の裏をかく行動をとるようにと指南しています。複線思考は正攻法だけではなく裏から攻めることも考える。攻め方はひとつではないということを、ぜひ覚えておいていただきたいと思います。

うまくいかないことがあっても複線思考を働かせることで対処できる。それどころか、これまでよりもっと効率よく質の高い仕事をし、いい人間関係を築き、人生を楽しむことができるようになるはずです。

本書で提唱した複線思考術が、多忙を極める皆さんの心を少しでも軽くし、力強く現実に向き合う一助となれば、これほどうれしいことはありません。

この本が世に出るにあたっては、講談社の唐沢暁久さんとブックライターの梅田梓さんから大きなご助力をいただきました。おかげさまで、複線思考を世に訴える本を出すことができました。ありがとうございました。

二〇一五年一〇月　齋藤 孝

齋藤 孝（さいとう・たかし）

明治大学文学部教授。１９６０年、静岡県に生まれる。東京大学法学部卒業。同大学大学院教育学研究科博士課程等を経て、現職。専門は教育学、身体論、コミュニケーション論。テレビ、ラジオ、講演等多方面で活躍。

著書に『声に出して読みたい日本語』（草思社文庫、毎日出版文化賞特別賞受賞）、『身体感覚を取り戻す　腰・ハラ文化の再生』（ＮＨＫブックス、新潮学芸賞受賞）、『雑談力が上がる話し方　30秒でうちとける会話のルール』（ダイヤモンド社）、『小学生のための論語』（ＰＨＰ研究所）、『余計な一言』（新潮新書）、『大人のための読書の全技術』（ＫＡＤＯＫＡＷＡ）、『齋藤ゼミ「才能」に気づく19の自己分析』（講談社）など多数。

いつも余裕《よゆう》で結果《けっか》を出《だ》す人《ひと》の複線《ふくせん》思考術《しこうじゅつ》

2015年11月24日　第1刷発行

著　者　齋藤《さいとう》 孝《たかし》

発行者　鈴木 哲

発行所　株式会社 講談社

東京都文京区音羽2-12-21　〒112-8001
電話　編集 (03)5395-3522
　　　販売 (03)5395-4415
　　　業務 (03)5395-3615

本文データ制作　講談社デジタル製作部

印刷所　慶昌堂印刷株式会社

製本所　株式会社国宝社

ISBN978-4-06-219525-6　N.D.C.301　222p　19㎝